OST WESTLICHER DIWAN

Heide-Ulrike Wendt

IMMER NUR DAS EINE
und andere Grenzfälle

ELEFANTEN PRESS BERLIN

VORWORT

Rolf Schmidt-Holtz

Es ist oft bezeichnend, wie man sich den wirklich heiklen Fragen unserer Zeit und unserer Gesellschaft nähert. Reiht man sich unter denen ein, welche sich – mit einer modischen Brille zwischen Zeigefinger und Mittelfinger baumelnd – lehrmeisterlich über die Einfalt und Marotten der deutschen Mitmenschen lustig machen, oder erkennt man, daß man selbst so manche Marotte liebt und Teil der »ganz normalen Menschheit« ist und trotzdem kritische Distanz wahren kann. Keine Frage, Heide-Ulrike Wendt gehört zu den letzteren.

Das Schöne an ihren Texten ist die Authentizität. Man spürt, daß Ironie und Überzeichnung nicht um ihrer selbst willen eingesetzt werden, sondern daß sie ein liebenswerter Weg sind, um die – aus dem Blickwinkel der Autorin wahrhaft sonderlich wirkenden – Geschehnisse des täglichen Lebens in einer durchaus kritischen, aber humorvollen Weise zu betrachten. Das Talent, die Welt, in der man sich tagaus tagein bewegt, so aufmerksam zu beobachten und uns dabei mittels Papier und Feder jedesmal eine völlig neue Perspektive unserer so vertrauten Umwelt zu geben, ist der wahre Grund für die starke Anziehungskraft, die ihre Kolumnen auf den Leser ausüben. Wer einmal beginnt, eine Kolumne von Heide-Ulrike Wendt zu lesen, der liest sie auch zu Ende. Sie ist unentwegt auf der Suche nach einem neuen Blickwinkel, beinahe so, als würde sie jeden Tag auf ein neues Möbel steigen oder darunterkriechen, um ihre Umwelt von einer neuen Position aus zu sehen, die ihr eine ungewöhnliche Perspektive bietet und uns erfrischende Erkenntnisse nach dem Motto: »Das kenne ich doch«, oder aber – vielleicht nicht ganz so »politically correct« –: »Ich kenne viele, die genau so sind.« So beobachten zu können, mit großer Zuneigung und Schärfe, aber ohne Arroganz, ist eine seltene Gabe.

Egal, ob es um die weißen Socken und die Sandalen männlicher deutscher Bürger, über unser aller schlechtes Gedächtnis oder den angeblich immer hinterwäldlerischen Aufzug von Ossis geht, es wird uns sofort klar, was das Anliegen der Autorin ist. Es ist die Erkenntnis, daß sich die wahre Seele der Deutschen und ihrer Historie in den Nuancen und kleinen Geschichten des täglichen »völlig normalen« Lebens widerspiegelt. Nur ein Beispiel von vielen: Die Probleme der Wiedervereinigung, festgemacht an der Tatsache, daß ein Versace-Kleid – getragen von der Autorin – bei einem vermeintlichen Vorstellungsgespräch die Erwartungshaltung und das Weltbild eines Münchner Chefredakteurs über das »normale« Aussehen eines Ossis erschüttert – das läßt uns alle schmunzeln, obwohl wir selbst bei einem Vorurteil ertappt wurden. Das Nette ist, daß wir uns auf diese Weise gerne ertappen lassen.

Es gibt leider viel zu selten Autorinnen und Autoren, bei denen mit als treffendste Beschreibung folgender Satz fällt: »Die hat was!« Keine Frage, Heide-Ulrike Wendt hat was. Sie hat Beobachtungsgabe,

Humor und unschätzbares Talent zu schreiben. Mir bleibt da nur noch eins: Ich wünsche Ihnen viel Spaß bei einer alltäglichen, aber dennoch gesellschaftspolitisch-historischen Tour durch unsere junge, wiedervereinigte deutsche Gesellschaft.

ROLF SCHMIDT-HOLTZ

IMMER NUR DAS EINE

Über die Schwierigkeiten des Normalbürgers, sich aktiv an der sexuellen Befreiung zu beteiligen

Ein Kollege sagte mir neulich auf dem Weg zur Kantine – ich überlegte gerade, ob ich Sauerbraten oder lieber überbackene Auberginen nehme: »Deutschland scheint ein einziger gigantischer Puff zu sein. Zwischen Sylt und der Zugspitze wird gebumst, daß die Erde bebt.«

Was heißt hier zwischen Sylt und der Zugspitze. In der ganzen Welt scheinen die Leute mit nichts anderem beschäftigt zu sein. Erica Jong beispielsweise denkt gerade darüber nach, ob Feministinnen ohne Höschen zu einer Dinnerparty gehen sollten. Wahrscheinlich schreibt sie ihre Bestseller in den Tropen.

Aber für Katharina und Marcus aus Wuppertal könnte eine Dinnerparty unten ohne tatsächlich einiges vereinfachen. Die beiden treiben es nämlich am liebsten unter Tischen und Bänken. Das offenbarten sie jedenfalls unlängst einer renommierten Frauenzeitschrift.

Das letzte Mal kam es bei einem Austernessen über sie. Da saßen etwa dreißig Leute am Tisch, die hatten allesamt schon ziemlich viel getrunken. Schampus wahrscheinlich. Also jedenfalls hatte Marcus plötzlich Lust auf Katharina. Sie sind dann unter dem Tisch verschwunden und haben es zwischen zirka sechzig Füßen auf dem Boden getrieben. Leider hat keiner was gemerkt. Den Gedanken, dabei entdeckt zu werden, fanden die beiden nämlich besonders scharf.

Das wäre bei Ottonormalverbrauchern wie uns wahrscheinlich das einzige, was klappen würde. Wir wären kaum unter der Tischdecke verschwunden, da würde Max schon brüllen: »Mamiiii, ich will dir auch ein Küßchen schenken ...«

Es ist noch gar nicht so lange her, da kam im Fernsehen ein Thriller mit Gudrun Landgrebe in der Hauptrolle. Die hatte sich darin in einen Schurken verliebt, der es ihr besorgte, wo auch immer sie gerade ging, stand oder lag. Einmal war sie in der todschicken Maisonettewohnung gerade auf dem Weg ins Schlafzimmer, als er sie auf der Treppe flachlegte. Beide stöhnten entsetzlich. Es sah auch so aus, als hätte zumindest sie ziemliche Schmerzen. Ihr Jochbein schabte unentwegt an der Teppichleiste entlang. Aber weit gefehlt. Nachdem die beiden miteinander fertig waren, flüsterte sie diesem Typen ins Ohr: »Du liebst wunderbar.« Ist das nicht Wahnsinn?

Nun haben wir leider keine Maisonettewohnung, um das mal auszuprobieren. Wir müßten ins Treppenhaus, und da weiß man auch nachts um halb eins nie genau, ob Frau Müller nicht doch noch den Müll runterbringt oder Herr Henkelsdorf mit seinem Rottweiler Gassi geht.

Manchmal ist es allerdings auch von Vorteil, wenn die Nachbarn mehr mitbekommen, als einem lieb ist. Für Lars und Christine aus Norwegen beispielsweise war es ein Glück, daß ihr Hausmeister spät in der Nacht noch einmal seine Runde machte. Nur deshalb hörte er Christines Schreie und holte den Dietrich. Also den Nachschlüssel.

Was war passiert? Lars – von Natur aus eher weich und kuschelig – wollte ihr wenigstens einmal den Hengst spielen. Deshalb besorgte er sich zur Faschingszeit das Kostüm von Superman und schnitt ein Loch in die entscheidende Stelle. Danach fesselte er sein Christinchen ans Bett, kletterte auf die Schrankwand und sprang. Leider daneben. Er landete nicht auf Christine. Er landete auf der Bettkante. Dann fiel er in eine tiefe Ohnmacht. Die Männer von der schnellen medizinischen Hilfe mußten ihn das ganze Treppenhaus runtertragen. Die Nachbarn rückten bereitwillig zur Seite. Es gab ja eine Menge zu gucken.

Sowas darf einem nicht peinlich sein, wenn man sich sexuell befreien will. Auf solche Situationen muß man sich nur vorbereiten. Es gibt da ein paar sehr schöne Übungen, wie man lernt, seine Lust zu zeigen. Sie stammen von der Sexualtherapeutin June Ennis. Nur ein Beispiel: Gehen Sie im Wohnzimmer auf alle viere und atmen Sie ein paar Mal ein und aus. Danach beugen Sie den Kopf in den Nacken, strecken die Zunge weit heraus, reißen Mund und Augen auf und brüllen so laut Sie können. Dreimal mindestens.

Bei mir hat das nicht auf Anhieb geklappt. Kaum hatte ich das erste Mal gebrüllt, stürmte Max ins Zimmer. Er dachte, es gäbe den »König der Löwen« jetzt endlich als Video.

HÄLT DOPPELT BESSER?

Was passiert, wenn Herr Klingel-Domdey Frau Nitz-Spatz ehelicht?

»Sag mal, wie heißt die Pastorin?« frag' ich meinen Jüngsten, der wie angewurzelt vor dem Fernseher sitzt und dem »Wort zum Sonntag« lauscht.
»Die heißt: Oder gib Biene ein hölzernes Stäblein«, sagt er.
»So ein Blödsinn. Die kann doch niemals ›Oder gib Biene ein hölzernes Stäblein‹ heißen«, sag' ich und setz' mich neben ihn aufs Sofa.
Wir warten auf den Abspann, und da steht tatsächlich: Oda-Gebbine Holze-Stäblein.
Ein gewaltiger Name. Beinahe sperrig. Wie Leutheusser-Schnarrenberger.
»Oder wie Heide-Ulrike«, sagt mein Mann. »Wie kann man sich nur freiwillig Heide-Ulrike nennen.«
Ja, Herrschaftszeiten. Ich hab' mich doch nicht Heide-Ulrike genannt. Ich bin so genannt worden. Meine Mama wollte Heide, meine Schwester Ulrike.
»Aber weißt du, was viel schlimmer ist?« schmettere ich ihm trotzig entgegen. »Viel schlimmer ist doch, daß du mir deinen Namen einfach übergestülpt hast. Das ist frauenfeindlich.«
»Wieso ist das frauenfeindlich?« fragt mein Mann völlig verdattert. »Ich hab' dich doch geheiratet.«
Eben. Und somit habe ich im Standesamt meine Identität aufgegeben. Meine Schwestern im Westen haben sich das nie gefallen lassen. Wenn ich da nur

an die Meinungsforscherin Elisabeth Noelle-Neumann-Maier-Leibnitz oder die FDP-Abgeordnete Margret Funke-Schmitt-Rink denke. Die sind gegen diese Form des Patriarchats Sturm gelaufen. Die haben Mut bewiesen.
Ich meine, dazu gehört doch Mut, sich so zu nennen wie die FDP-Abgeordnete Margret Funke-Schmitt-Rink. Oder? Bei den »Grünen« in der Nähe von Frankfurt am Main gab es allerdings für kurze Zeit einen, der war noch mutiger. Der hieß Peter-Alexander Gellings-Benavides-Gutierrez und hatte bei den Kommunalwahlen 1993 ziemlichen Ärger mit Heide-Marie Unterste-Bahrenberg. Sie fand ihn wohl zu dominant.
Neulich im Fernsehen hab' ich übrigens den Kultursenator von Berlin, Herrn Ulrich Roloff-Momin das erste Mal mit seiner Ehefrau Christine Fischer-Defoy gesehen. Ich frage mich seitdem: Wie heißen ihre Kinder?
Und was passiert, wenn der Hamburger Journalist Ralph-André Klingel-Domdey die Berliner Gesundheitsstadträtin Sabine Nitz-Spatz heiratet? Also, nach dem neuen Namensrecht darf sich die geschiedene Frau Nitz-Spatz, geborene Nitz, weiterhin Nitz-Spatz oder Nitz-Klingel-Domdey nennen, aber nicht Nitz-Spatz-Klingel-Domdey oder Klingel-Domdey-Nitz-Spatz. Herr Klingel-Domdey allerdings dürfte den Namen aus der früheren Ehe seiner jetztigen Frau Nitz, nämlich Spatz, nicht übernehmen. Das ist gemein.
Ich glaube deshalb, es wäre für uns alle das Beste, angehende Ehepaare würden sich künftig während der Trauung für einen gemeinsamen Namen ent-

scheiden. Da dies verbal sicher nicht ohne größere Zerwürfnisse abgeht, müssen wir uns was ausdenken.
So könnte der Standesbeamte das Brautpaar kurz vor dem Ja-Wort würfeln lassen. Wer eine sechs hat, darf den Familiennamen bestimmem.
Zu simpel, meinen Sie? Okay. Wie wär's mit einer Lostrommel, in die Braut und Bräutigam, Trauzeugen, Eltern, Schwiegereltern, Oma, Opa ihren Wunschnamen werfen? Anschließend überzeugt sich ein vereidigter Notar vom ordnungsgemäßen Zustand der Lostrommel und dreht sie ein paar Mal. Der Standesbeamte darf dann ein Los ziehen und den neuen Familiennamen verlesen. Man könnte die Lose natürlich auch auszählen, und die Gäste schließen vorher ihre Wetten ab, wer ihrer Meinung nach gewinnt.
Natürlich will ich hier niemanden kränken. Ich habe deshalb versucht, meine Vorschläge zur Neugestaltung der Namensgebung der Pädagogin Dr. Doris Schlemmermöhle-Thüsing an der Uni Bielefeld zu unterbreiten. Ihre Meinung hätte mich brennend interessiert. Als der damalige Justizminister Klaus Kinkel 1992 vorschlug, wenigstens den Nachnamen des Kindes per Los entscheiden zu lassen, fand das die Familienministerin Hannelore Rönsch immerhin »menschenverachtend«.
Leider habe ich mich verwählt. Frau Pralle-Hasenfus war am Apparat.

MANN WEST SUCHT FRAU OST

Über einsame Brüder, die armen Schwestern in der Ex-DDR zu gern Gutes tun würden

Es war im Herbst vergangenen Jahres, da stand im »stern« ein Bericht über die Verliererinnen der Einheit: die Frauen in Ostdeutschland. In der DDR hatten sie alle einen Job und fühlten sich anerkannt. Mittlerweile sind zwei Drittel der Arbeitslosen Frauen ohne Perspektive.

Die meisten Frauen, mit denen wir damals in Sachsen sprachen, waren verbittert, gekränkt, zornig. Manche sagten kein einziges Wort. Eine der Arbeiterinnen saß still vor ihrem Spind, als wir miteinander redeten, und schaute ganz sanft in die Kamera.

Eine wunderschöne Frau in schlichter Kittelschürze. Das üppige Haar hochgesteckt, der Mund weich und sinnlich. Wer in ihr Gesicht schaut, weiß, daß sie jeden Morgen an die Frühstücksbrote denkt und die Gardinen vor ihren Fenstern ganz weiß und duftig sind.

Kurz darauf landete die erste Postkarte in der Redaktion. Darauf fragte ein Herr aus Dortmund an: »Wer ist diese Frau? Ich möchte sie heiraten. Bitte schikken Sie mir die Adresse. P.S.: Schnell.«

Er blieb nicht der einzige Bewerber. Singles aus Bad Krozingen, Duisburg, Göttingen meldeten sich. Die meisten Briefe schickte Herr W. aus Frankfurt. Am Main, versteht sich. Er wollte »diese Frau herausholen aus ihrem Elend«.

Doch da gab es kein Elend, von dem sie hätte jemand befreien müssen. Sie schrieb uns, daß sie auch ohne Mann und Kinder zwischen den grünen Hügeln ihrer Heimat bleiben würde.
Die meisten Männer und Frauen in Frankfurt am Main wird das sicher erfreuen. Herrn W. zerriß es fast das Herz.
Er bat mich, für ihn im Osten eine Heiratsannonce aufzugeben. Er habe das Alleinsein endgültig satt. Was nütze ihm sein sicherer, gutbezahlter Job? Was sein Mercedes? Was seine schöne Münzsammlung oder sein nettes kleines Häuschen im Grünen, wenn da keine wäre, mit der er sein irdisches Glück teilen könne?
Die Annonce erschien in der »Berliner Zeitung«. Zehntausende Frauen lasen sie. 764 schrieben. Herr W. war happy. »Endlich nicht mehr allein«, jubelte er am Telefon. »Und: im Osten heiratet man gleich eine ganze Familie. Die haben ja alle Kinder.«
Doch das Glück von Herrn W. währte nicht lange. Drei Wochen später schrieb er: »Eine Frau hat mich jetzt schon mehrere Male mit ihrem Sohn besucht. Sie ist Biologin, hat promoviert. Sie verdient sogar doppelt soviel wie ich. Wenn ich darüber nachdenke. Ich, im Westen aufgewachsen, stelle weniger dar als sie. Wieso habe ich, mit all der Freiheit unserer Demokratie gesegnet, nicht mehr aus mir gemacht? Ich sitze in keiner Vorstandsetage, bin nicht mal Ressortleiter. Erst dachte ich, jetzt sind die Probleme mit der Partnersuche vorbei. Da rutscht schon ein anderes nach.«
Ich konnte Herrn W. trösten. Es geht den Menschen wie den Leuten. Neulich kamen zwei alte

Freunde von uns zurück aus dem schönen Bayern. Sie hatten dort drei Wochen das Haus eines Verwandten gehütet.
»Das kann doch alles nicht wahr sein«, erzählte mir Hans. »Ich war mein Leben lang Ingenieur. Mein Cousin war sein Leben lang Ingenieur. Seine Frau blieb zu Hause bei den Kindern. Meine Frau mußte weiter arbeiten gehen. Jetzt gieße ich in Bayern seine Pflanzen, während er sich in Spanien seinen Ruhesitz baut. Bei uns in Berlin vertrocknet ja nix.«
Also, wenn ich überlege, was aus mir so alles hätte werden können im Westen: Fabrikantentochter, Au-Pair-Mädchen, Tennisspielerin.
Das wär' zu schön, um wahr zu sein.
Wie sagte meine Großmutter immer: Unter jedem Dach ein Ach.

PLÖTZLICH IST DER LACK AB

Über die Enttäuschung, trotz aller Bemühung um Jugend für älter gehalten zu werden

Nicht zu fassen. Das kleine Mädchen im Buddelkasten hat tatsächlich meine Lieblingsschuhe an. Aus blauem Samt mit Gummisohle und einer blechernen Schnalle. Genau solche brachte mir früher meine Mutter immer aus dem Westen mit. »Weißt du, wo es die gibt?« frag' ich die goldige Kleine. »Die hat mir meine Omi geschenkt«, sagt sie und hüpft davon. Doch dann dreht sie sich noch einmal um und brüllt über den ganzen Platz: »Willst du die auch deinen Enkeln schenken?«

Ich möchte mal wissen, wie dieses Kind darauf kommt, ich könnte Enkel haben. Mein Jüngster ist gerade sechs geworden! Hab' ich etwa dafür acht Tage auf einer Schönheitsfarm gelitten?

Ja, gelitten. Schon die Ankunft war dort, wo die Seen noch blau, die Tannen noch grün, die Kühe noch lila sind, eine Herausforderung. »Die Parkplätze sind nur für Hotelgäste«, sagt ein soeben Angereister, als ich mich mit meinem Kleinwagen neben seinen Schlitten quetschen will. »Ich bin Hotelgast«, sage ich. Und er: »Ach ja?« und geht. Der Portier bittet mich, dem Burschen meinen Autoschlüssel zu überlassen, damit er mein Gepäck holen kann. »Ich hab' es schon bei mir«, sage ich. »Ach ja«, sagt der Portier und lächelt tapfer meinen beiden Stofftaschen zu.

Zum Glück tragen kurz nach der Ankunft alle Damen auf der Farm ein und denselben Bademantel. Eine alte Dame, der ich dabei helfe, irgendwelche Vapozondämpfe in Gang zu bekommen, findet mich sogar reizend. Wahrscheinlich, weil ich die Frage nach ihrem Alter so sensibel beantwortet habe. Vierundsiebzig hatte ich geschätzt, und sie ist achtzig! Sechs Jahre minus – das sind Investitionen, die sich lohnen.

»Das pack mer schon«, sagt meine Kosmetikerin und meint es ernst. Meine Hände bepackt sie mit Mineralien und Aloe-Konzentraten, meine Füße mit irgendwelchem Modder. Den Rest muß sie erst massieren und drainieren, bevor sie ihn zukleistert. Währenddessen erzählt sie von der netten alten Dame und weshalb sie seit zehn Jahren nur zu ihr kommt. »Die Ärmste könnte sonst die Hauptrolle im Märchen vom Teufel und seiner Großmutter spielen. Sie hat nur drei Haare unter ihrer Perücke.« Hoffentlich verrät meine Kosmetikerin niemandem, daß ich in den vergangenen, sagen wir mal sechsunddreißig Jahren, vergessen habe, meine Ellenbogen in Zitronensaft zu tauchen. Sie sind eindeutig zu rauh.

Am Abend des siebenten Tages auf der Schönheitsfarm ist aller Großstadtmief aus meinen Poren raus, leuchten die Fingernägel rot und umkränzen die Wimpern dunkel das Auge. Soviel Pracht braucht Öffentlichkeit.

Aber ich hatte schon bessere Ideen, denn am Morgen ist der Lack ab. Mein Gesicht ist geschwollen, ebenso der Hals. In der Pubertät hatte ich nicht einen Pickel, jetzt hat mein Körper alles nachge-

holt. Der Hausarzt gibt mir zwei Kalziumspritzen und tröstet mich: »Nur Glück macht schön, denn Glück kommt von innen, Cremes und Massagen sind nur äußerlich und helfen wenig.« Warum bin ich diesem Mann nicht früher begegnet?
Auf dem Weg zur Apotheke komme ich an einem Laden mit Spielzeug vorbei. Handgeschnitzte Kasperlepuppen, geklöppelte Rüschenblüschen, Haarspangen aus Schildpatt. Nette Kleinigkeiten für die Lieben daheim. Ich lasse mir einen Dinosaurier aus grünem Plüsch für meinen Jüngsten in Seidenpapier wickeln.
»Na, da wird sich Ihr Enkelkind aber freuen«, sagt die Verkäuferin und öffnet mir freundlich lächelnd die Tür. Es hat keinen Zweck, sich suchend im Laden umzusehen. Sie meint tatsächlich mich.

EROTIK BEIM SCHLANGESTEHEN

Über die verblüffende Erkenntnis, wie schön es in der guten alten DDR war

Die spinnen, die Ossis. Erst konnten sie die DDR nicht schnell genug loswerden, jetzt haben sie plötzlich Sehnsucht nach ihr. Sie nennen es Ostalgie.

Meine Freundin Beatrice zum Beispiel – was hat die früher über die DDR gemeckert. Heute bereut sie, daß sie ihre FDJ-Bluse weggeschmissen hat. Trotzdem war ich völlig arglos, als sie mich am Wochenende zu einem Fünf-Gänge-Menü in ihre nette kleine Küche im Plattenbau einlud. Sie sagte auch nicht »Punkt eins!« wie früher. Da war es Gesetz, weil sonst ihr berühmtes »Gratin de pommes de terre dauphinois« verschmurgelte oder eins ihrer köstlichen Soufflés zusammenfiel. Diesmal hätte ich einen ganzen Tag später kommen können. Es wäre nichts verdorben.

Als erstes gab es Rohkostsalat (Weiß- und Rotkohl, grob geschnetzelt), danach Soljanka, dann Würzfleisch (mit Käse überbacken), anschließend eine Grilletta (der Hamburger des Ostens) und schließlich Ananas aus der Büchse. Die kostete in der DDR siebzehn Mark fünfzig und war nur im »Delikat« zu haben.

Ach ja. So war's. »Vorwärts und nicht vergessen!«

Abends lag ich dann, immer noch ziemlich gesättigt, im Bett und wollte lesen. Das Buch hieß: »Erotik macht die Häßlichen schön. Sexueller Alltag im Osten«.

Wow! Ich wollte eigentlich schon immer wissen, wie der war, hatte mich aber nie zu fragen getraut. Das ist schade, denn ich habe offensichtlich eine Menge verpaßt. Das wurde mir schon beim Vorwort klar, denn da schreibt die Herausgeberin Katrin Rohnstock allen Ernstes: »Im Osten liefen die Uhren langsamer. Ohne Druck sind Augen und Seele offen für Entdeckungen: In der Einkaufsschlange kein genervtes Vergleichen der Preise. Sondern: ein Mann mit fröhlichen Augen, einem spitzbübischen Lächeln. Zeit für einen Flirt.«

Tatsächlich? Du meine Güte! Wo hab' ich mich denn da immer angestellt? Daß wir die Preise nicht vergleichen mußten, das stimmt. Im Osten kostete alles überall gleich. Aber daß wir in der Schlange geflirtet haben sollen, ist mir neu. In meinen Schlangen stand nie der Mensch, sondern immer die Ware im Mittelpunkt. Wir starrten genervt geradeaus, um genau zu checken, wielange der Vorrat reicht.

Im März 1988 beispielsweise brauchten wir dringend zwei Rollen Dachpappe. Wir bauten gerade unsere vierte vergammelte Altbauwohnung aus. Bei der war das Dach undicht.

Als wir nach drei Stunden und sechsundzwanzig Minuten in der Baustoffversorgung von Platz hundertzwanzig auf Platz vier vorgerückt waren, krächzte eine Stimme durch den Lautsprecher: »Nur noch zwei Rollen Dachpappe am Lager.«

Mit hektischen roten Flecken im Gesicht fragte ich die Leute vor uns, ob sie auch Dachpappe wollten.

Nein, wollten sie nicht. Ich hatte mich gerade wieder abgeregt, als ein junger Mann (braune Augen, blonde Locken) auf mich zustürzte und flehte: »Bitte lassen Sie mich vor. Meine kleine Tochter schreit vor Hunger. Ich habe dummerweise ihr Fläschchen vergessen.«
Natürlich ließen wir ihn vor. Der Ossi an sich war ja kein Unmensch. Die Dachpappe allerdings war dann weg.
Übrigens – diese Geschichte kann ich hier nur deshalb so frei weg erzählen, weil ich selbst ein Ossi bin. Ein Wessi bekäme dafür mächtig eins auf die Mütze.
Neulich, auf einer Podiumsdiskussion, war es so. Da behauptete ein Wessi, wir Ossis könnten mit dem Freiheitsbegriff immer noch nichts anfangen. »Und Sie«, konterte ein Ossi, »Sie dürfen zwar überall sagen, daß unser Bundeskanzler nicht alle Tassen im Schrank hat. Aber sagen Sie das mal Ihrem Chef. Der schmeißt Sie glatt raus.«
Das ist doch nun wirklich Quatsch.

JEDER WITZ EINE KLEINE REVOLUTION

Über den ostdeutschen Humor vor der Wende

Den ersten politischen Witz meines Lebens erzählte mir mein Vater im Sommer 1962. Da war ich noch ziemlich klein. Er hatte mich in die Berliner Markthalle geschickt, um für meine Großmutter Bananen zu besorgen. Die gab es dort an einem Sonderstand. Nach einer Stunde war ich endlich dran, aber die Bananen waren alle. Ich heulte vor Wut.

»Kennste den schon?« fragte mich mein Vater, als er meine Tränen trocknete. »Da stehen zwei Berliner Jungen an der Mauer. Der eine im Westteil, der andere im Ostteil der Stadt. Ruft der aus dem Westen: ›Ätsch, wir haben Bananen!‹ Antwortet der aus dem Osten: ›Ätsch, dafür haben wir den Sozialismus!‹ Ruft der aus dem Westen zurück: ›Ätsch, wenn wir wollen, können wir den auch haben.‹ Kontert der aus dem Osten: ›Ätsch, dann habt ihr auch keine Bananen mehr!‹«

Natürlich war mein Vater ein Schlitzohr. Zum einen war sein Witz eine blitzschnelle Kalkulation. Er wußte: Wenn er seine Tochter jetzt nicht zum Lachen bringt, dann geht sie nie wieder in die Markthalle. Zum anderen beutete er humorvoll ein Mißverhältnis aus. Eine Stunde für keine Bananen. Das war so doof, daß man darüber eigentlich nur lachen konnte. Damals wußten wir noch nicht, daß sich die DDR in den darauffolgenden siebenundzwanzig

Jahren als ausgesprochene Gebirgsrepublik entpuppen würde. Sie bestand nur aus sogenannten Engpässen.

Im Frühjahr 1985 geriet ich in einen Engpaß, der verlief mitten durch eine Spinnerei im schönen Erzgebirge. Dort gab es eine »Heldin der Arbeit«, die sollten Katja, meine Lieblingsfotografin, und ich porträtieren. Zuvor allerdings wollte Katja in die Betriebskantine. Sie hatte keine Zigaretten mehr.

Wir wollten wirklich nur Zigaretten. Mehr nicht. Aber als wir die Tür zur Kantine öffneten, starrten uns etwa vierzig Frauen in buntgeblümten Kittelschürzen haßerfüllt an. Waren es Katjas rote Haare oder meine engen Jeans oder was?

»Es sind die grünen Gurken«, flüsterte mir Katja ins Ohr. Und da sah ich sie auch. Alle Frauen in der Kantine hielten eine in der Hand. Die ersten grünen Gurken des Jahres 1985. »Die sind nur für Einheimische«, sagte uns eine Arbeiterin, und dann machte sie ganz sanft die Kantinentür vor unserer Nase zu.

Ich wollte gerade mal wieder anfangen zu heulen, da fragte mich Katja: »Kennst du den schon? Was passiert, wenn Günter Mittag (der damalige ZK-Sekretär für Wirtschaftsfragen) in die Wüste geschickt wird? Dann wird bereits nach einer Woche der Sand knapp.« Man kann sagen, dieser Witz paßte wie die Faust aufs Auge. Wir bogen uns vor Lachen, bis uns eine Stimme aus dem Hintergrund fragte: »Haben Sie gewußt, daß Honecker politische Witze sammelt?« – »Nee.« – »Und Mielke seine Verfasser!«

Big Brother is watching you. Wer in der DDR Witze

erzählte, mußte darauf immer gefaßt sein. Diktatoren mangelt es an Humor, sie nehmen sich selbst zu wichtig. Die Kraft der Wörter anderer fürchten sie. Witze galten deshalb als subversiv, und das aus gutem Grund. Nehmen wir nur mal den: Warum gibt es im real existierenden Sozialismus so viele politische Witze? Weil niemand ihn ernst nimmt.
Oder den: Haben Sie schon mal das Nationalgericht der DDR probiert? Gedämpfte Zunge.
Solche und andere Witze flüsterte man besser, sonst konnte einen der Paragraph 106 des Strafrechtsänderungsgesetzes (staatsfeindliche Hetze) von hinten durch die kalte Küche treffen: Kommt ein Richter nach einer Verhandlung in den Aufenthaltsraum und schlägt sich vor Lachen auf die Schenkel. »Genossen«, sagt er, »mir hat gerade einer den neuesten politischen Witz erzählt.« Alle anderen wollen ihn auch sofort hören, aber der Richter winkt kichernd ab: »Das geht nicht, ich habe ihn dafür gerade zwei Jahre eingebuchtet.«
An diesem Witz kann man unschwer erkennen, daß wir nicht nur »das Volk«, sondern auch ein sehr mutiges Volk waren. Irgendwie renitent. Nicht immer, aber immer öfter. 1988 beispielsweise schenkte mir meine damalige Chefin zum Geburtstag Aphorismen von Werner Ehrenforth. Das kleine Büchlein war sogenannte Bückware. Nur Leute mit Vitamin B (B wie Beziehungen) kamen daran. Es galt als ziemlich frech. Zwei Sprüche daraus brüllte ich auch sofort durch den Großraum: »Die Ideologie denkt in Generationen, der Mensch lebt nur einmal.« Und: »Witze sind Ventilatoren, die das Volk einschaltet, wenn es ausgeschaltet wird.« – »Ist ja

gut«, sagte meine Abteilungsleiterin (so nannte man Ressortleiterinnen bei uns) genervt. »Aber hier im Büro stell ihn bitte leise an, ja?«

Das Sein verstimmte das Bewußtsein, der Witz blieb. Er baute Schmerzen ab. Freud bezeichnete den Witz als »sozialste aller auf Lustgewinn zielenden seelischen Leistungen«. Er hätte den grandiosen Witzbolden der DDR in seinem Buch »Der Witz und seine Beziehung zum Unterbewußten« sicher ein ganzes Kapitel gewidmet. Sie hatten den Finger immer auf der Wunde: Je mehr sich die goldenen Achtziger zur Wende neigten, desto ungemütlicher wurden die Pointen. Es schien, als hätten alle den Spruch von George Orwell verinnerlicht: »Jeder Witz ist eine kleine Revolution.« In der DDR fanden täglich Tausende statt und kündigten die große an: Hast du gehört, Honecker will schon wieder in die BRD fahren. Und was will er da? Sein Volk besuchen!

Kaum bewegte ein neues Ereignis die Gemüter, schon kursierte ein Witz darüber. Im Fluchtsommer 1989 war es folgender: Das FDJ-Reisebüro bietet jetzt Drei-Städte-Reisen für einen Tag an – Frühstück in Budapest, Mittagessen in Wien, Abendessen in Gießen. Oder dieser: Was ist der Unterschied zwischen einem volkseigenen Betrieb und der gesamten DDR? Im VEB sind die Fluchtwege gekennzeichnet.

Nun ist die Mauer weg. Die DDR ist weg. Die Witze sind weg. Wo sind sie geblieben? Böse Zungen behaupten, es hätte wohl doch eine geheime Witzabteilung im ehemaligen Zentralkomitee der SED gegeben.

Sehr witzig!
Ich behaupte, unser Leben ist jetzt so schön, wir brauchen einfach keine Scherze mehr. Denn bald wird alles so sein wie in meinem Lieblingswitz aus alten Zeiten, und der geht so:
Was unterscheidet die Frau aus der BRD von der aus der DDR? Die aus dem Osten hat an der rechten Hand zwei plärrende Kinder, in der linken Hand einen Sack Kartoffeln, hinter sich die Spätschicht, vor sich die Parteiversammlung.
Das ist vorbei.
Die aus dem Westen hat an der linken Hand fünf goldene Ringe, in der rechten Hand den Autoschlüssel, hinter sich das Einfamilienhaus, vor sich die Traumreise.
Das kommt jetzt.

MATHE IST DOOF

Über Rechen-Alpträume, die nicht nur Kinder quälen

Haben Sie auch manchmal Alpträume? Ich hab' einen, der verfolgt mich seit Jahren. Da steht mein Mathelehrer vor der Klasse: »Wir wollen uns heute ein Aquarium einrichten. Die Innenmaße betragen: Länge 7 dm, Breite 5 dm und Tiefe 42 cm. Es enthält eine 8 cm hohe Sandschicht und wird bis 5 cm unter den Rand mit Wasser gefüllt. Ulrike, komm bitte an die Tafel und rechne aus, wieviel Sand und wieviel Liter Wasser wir brauchen.«
»NNNEEEIIINN!« schreie ich und sitze schweißüberströmt in meinem Bett. Nein, ich will nicht an die Tafel.
»Mußt du auch nicht, Ulrike, die Schule ist aus. Du bist erwachsen, du hast keine Mathematik mehr«, sagt danach zum Glück immer eine liebe Stimme beruhigend zu mir, und dann zähle ich Schäfchen und schlafe wieder ein.
Ich weiß, Mathe sollte mich zu analytischem und logischem Denken erziehen. Aber ich bin eine Pragmatikerin. Bevor ich langwierig ausrechne, wieviel Wasser in dieses blöde Aquarium hineinpaßt, nehme ich mir eine Gießkanne und gieße. So lange, bis das Gefäß voll ist, oder halb voll, oder dreiviertel voll – ganz wie es den Fischen beliebt.
Neulich am Frühstückstisch fragt mich mein Jüngster, ob ich wüßte, wieviel Rosinen jeder gegessen

hat, wenn in einem Kloß dreizehn davon sind und fünf Personen jeweils sechs Klöße aßen?

O Gott, wie soll ich das wissen?

Und dann fängt der kleine Bursche sofort an zu heulen und sagt, er habe sich in dieser Nacht sechsundvierzig Mal übergeben. Er habe außerdem Fieber, Ohrenschmerzen, draußen würde es regnen, und in seinen Schuhen wäre ein Loch. Wahrscheinlich würde er nach der Schule mit einer doppelten Lungenentzündung nach Hause kommen.

»Und wahrscheinlich schreiben sie heute eine Mathearbeit, Mama«, frotzelt der Große.

Mathe ist doof. Mütter, die ihre Söhne nicht vor Mathelehrern schützen, sind doof. Aber das Schlimmste an Mathe ist: Wer in dieser Königsdisziplin nicht durchsieht, findet sich selber doof.

Warum hat mir früher keiner gesagt, daß dieses Fach schon ganz andere fast in den Wahnsinn getrieben hat? Carl von Ossietzky war in Rechnen, Geometrie und Algebra eine Null. Und Robert Bosch, der Erfinder der Magnetzündung, scheiterte bereits am pythagoreischen Lehrsatz.

Schade, daß in meiner Schulzeit noch keine Menschenseele etwas von dieser neuen Krankheit wußte, die jetzt pausenlos durch die Fachpresse geistert. Sie nennt sich »Dyskalkulie« und hätte mir und allen Leidensgefährten in Null Komma nix aus der mathematischen Talsenke geholfen. Dyskalkulie ist nämlich eine Rechenschwäche, die ebenso häufig auftritt wie Legasthenie. Die Wissenschaftler sagen, daß etwa vier bis sechs Prozent der Schulkinder darunter leiden.

Ich halte das für Schönfärberei. Allein in unserer

Familie (Mama, Papa und zwei Söhne) sitzen drei, die von Dyskalkulie befallen sind. Nur unser Papa kann noch vierundzwanzig Jahre nach dem Mathe-abitur beweisen, daß $\cos 2\alpha = 1 - 2\sin^2\alpha$ ist.

Unser Großer erwägt übrigens nach Frankreich auszuwandern. Dort gilt ein Kind, das sich erfolgreich durch die komplizierte Grammatik der Sprache von Goethe und Schiller gekämpft hat, auch als fit für Höheres.

Ich muß jetzt erst mal herausfinden, wie alt mein Bruder morgen wird. Er hat angedeutet: »Ich bin so alt, wie das Jahrhundert war, als ich geboren wurde.«

Ah, ja!

»VOR DER DISCO LAUERN SKINS ...«

Über die Angst der Mütter vor der Gewalt gegen ihre Kinder im neuen Deutschland

Glück ist Luxus und daher selten, doch im April 1974 hatte ich richtigen Massel. Gleich nach dem Studium bekam ich das Angebot, für ein Jahr nach Warschau zu gehen. Ich sollte interessierten Polen im Kulturzentrum der DDR fortgeschrittenes Deutsch beibringen.

Mein zweiter Arbeitstag hatte gerade begonnen, als mich der Chef in sein Büro beorderte. Man habe ihm berichtet, daß ich am Nachmittag zuvor mit einem Österreicher ins Gespräch gekommen sei, der im Kulturzentrum nach Büchern von Erwin Strittmatter suchte. Wir hätten uns für den heutigen Abend verabredet. Problematischer West-Kontakt!

Ich mußte an die frische Luft, um wieder frei atmen zu können, und geriet in eine Gruppe junger Polen, die kirchernd vor einem Plakat zum 30. Jahrestag ihrer Volksrepublik standen. Ein rot-weißer Mund war darauf, mit drei römischen Zehnen über den Lippen. Sie sahen aus, als wären sie zugenäht.

Die Jugendlichen bogen sich vor Lachen, ich starrte wie gebannt auf ihre Jackenärmel. Allesamt hatten sie sich auf den linken Polens Staatswappen genäht. Ich beneidete sie. Eher paßte ein Kamel durchs Nadelöhr als Hammer, Zirkel, Ährenkranz an meine Kutte. Ich wußte keinen Grund, von meinem Vaterland zu künden.

Jetzt haben wir ein neues Vaterland, und nur unser Jüngster bedauert, daß es keine deutsch-deutsche Grenze mehr gibt. Kein Mensch will mehr seinen Ausweis sehen, wenn wir quer durch Berlin fahren. Mir macht die grenzenlose Freiheit auf andere Art zu schaffen.

Ich zucke neuerdings zusammen, wenn das Telefon klingelt. Das erste Mal erschreckte mich sein Läuten im Oktober vorigen Jahres. Es war gegen Mitternacht, mein Sohn wollte längst zu Hause sein. »Es wär besser, ihr holt mich ab, Mama«, hörte ich ihn am anderen Ende der Leitung. »Vor der Disco lauern ein paar Skins, die hassen alle, die Rap-Musik hören.« Skins hassen auch die Eltern von Rap-Fans, aber wir waren in dieser Nacht zu viele. Kids lassen sich leichter zusammenschlagen.

Einige Tage später warteten wir auf David, den besten Freund meines Sohnes. Sein Leibgericht – Ente mit Äpfeln – verschmurgelte langsam im Backofen, als seine Mutter anrief. Zwei Jugendliche hatten David auf dem Weg zur S-Bahn überfallen. Erst am nächsten Tag durften wir ihn im Krankenhaus besuchen.

»Bitte, kommen Sie und helfen Sie mir«, schrie meine Nachbarin im November am Telefon. »Meine Tochter liegt zusammengeschlagen vor der Kaufhalle. Der Krankenwagen ist schon unterwegs. Meine Kleinen sollen sie so nicht sehen.«

»Bitte, kommen Sie nicht zum Interview, ich will im Moment mit niemandem sprechen«, bat mich eine andere Mutter wenig später. Jugendliche Neonazis hatten ihren Sohn bis zur Bewußtlosigkeit geprügelt. Als er wieder zu sich kam, sagten sie ihm,

er solle seiner Mutter einen schönen Gruß bestellen. Wenn sie sich als Ausländerbeauftragte weiter um »Nigger und anderes Kroppzeug« kümmern würde, wäre er endgültig dran.
Ich will mir nicht vorstellen, daß mein Sohn irgendwo mit blutiger Nase im Rinnstein liegt, obwohl ich seit dem 25. Dezember 1992 jeden Tag damit rechnen muß.
Wir waren mit den Kindern gerade von der Lichterkette »Unter den Linden« zurückgekehrt, da klingelte das Telefon. Auf mein Hallo meldete sich erst nach kurzem Zögern eine Stimme. Die sagte: »Ich bin ein Nazi. Ich werde deinen Sohn aufklatschen. Ich mag seine Fresse nicht.« Dann legte er auf.
Es ist abzusehen, daß auch die Jackenärmel meiner Söhne kahl bleiben. Vielleicht haben ihre Kinder mehr Glück.

IMMER NOCH: HÜBEN UND DRÜBEN

Über den Mauerbau vom 13. August 1961 in Berlin und die geistige Mauer heute

»Ick will meine Mauer wiederhaben«, stöhnte ein Busfahrer, als wir auf dem Ku'damm im dicksten Stau steckenblieben. »Seit die Ossis rüberkönnen, läuft hier nischt mehr uff'n Straßen. Die sollten lieber drüben arbeiten lernen, statt hier einzukoofen.« Zum Glück kränken mich solche Sätze nicht mehr, denn ich höre sie aus beiden deutschen Himmelsrichtungen.

Nur – bei den Ossis sitzt der Frust tiefer. Sie hoffen, hinter einer neuen Mauer wieder Arbeit zu finden, Selbstachtung und Solidarität.

Der 13. August 1961 war für mich zuerst ein Sonntag wie jeder andere. Meine Eltern waren im Urlaub und hatten mich bei meiner achtzehnjährigen Schwester zurückgelassen.

An diesem Morgen saß sie nicht – wie sonst – mit ihrem Freund händchenhaltend auf dem Sofa, sondern vor dem Fernseher in der Küche. Ich sah auf dem Bildschirm strahlende Menschen, die ins Mikrofon eines strahlenden Reporters sprachen, wie glücklich sie wären, daß die DDR endlich Schluß mache mit Schmuggel, Schieberei und Sabotage. Im Hintergrund standen Soldaten der Nationalen Volksarmee, ein Gewehr oder eine Mörtelkelle in der Hand.

»Sie bauen eine Mauer durch Berlin«, schrie meine

Schwester und heulte. »Na und«, sagte ich, »Papa hat hinten im Garten auch eine Mauer gebaut, damit uns die blöden Nachbarn nicht immer beim Kaffeetrinken beobachten.«
»Was bist du nur für eine dämliche Ziege«, schrie meine Schwester noch lauter. »Begreifst du nicht, was diese Bilder bedeuten? Morgen wollten wir nach Neukölln, um deinen Schaumgummipetticoat umzutauschen. Das kannst du vergessen.«
Nun heulte ich auch. Der Schaumgummipetticoat, den sie mir am Vortag gekauft hatte, war eindeutig zu groß. Außerdem liebte ich die Fahrten vom Alex nach Neukölln. Damit war es nun aus. Was mir an diesem 13. August geschah, nennt man heute Mittelpunktsverlust. Nie wieder diese Mixtur der Gerüche aus frischgemahlenem Kaffee, Sarotti-Mohr, Apfelsinen und Lux-Seife, die ich so liebte. Nie wieder Ferien bei den Großeltern in Bad Sachsa.
Meine Eltern kehrten noch am gleichen Tag aus dem Urlaub zurück. Die Großmutter konnten wir nur telefonisch beruhigen, denn ihr Wohnort hatte sich innerhalb weniger Stunden von der Stadtmitte ins Grenzgebiet verlagert.
Wir versuchten in den folgenden Stunden, Tagen, Wochen, Monaten, Jahren, mit der Mauer zu leben, doch es gelang uns nicht. Wer ist schon sein ganzes Leben lang reif für die Insel. Wir träumten wie alle Menschen davon, in achtzig Tagen um die Welt zu reisen, und sahen in der »Tagesschau«, daß es sich bald nicht mehr lohnen würde. In Venedig versanken die Palazzi immer mehr in den Kanälen, in Lissabon brannte die Innenstadt, an der Côte d'Azur der Wald ab. Nur bei uns vor der Haustür stand der

antifaschistische Schutzwall – ehern und unüberwindlich.

Als mir 1985 meine Eltern (damals neunundsechzig und sechsundsiebzig Jahre alt) von einer ihrer vielen Verwandtenreisen eine Karte vom David-Bowie-Konzert in Hamburg schickten, bekam ich einen Heulkrampf. Ein Freund schenkte mir zum Trost ein Buch von Manfred Wolter, in dem der wohl frechste letzte Wille stand, der in der DDR je veröffentlicht wurde: »Sollte ich sterben, bevor ich sechzig Jahre alt geworden bin, möchte ich in der Sahara beerdigt werden. Einmal eine große Reise. Sollte ich sterben, nachdem ich fünfundsechzig Jahre geworden bin, möchte ich noch lange leben.« Ich übernahm diesen letzten Willen auf der Stelle.

Mittlerweile wünsche ich mir etwas anderes. Wie schön wäre es, wenn meine Busfahrten vom Alex zum Ku'damm keine mehr von hüben nach drüben wären. Zu Hause fühle ich mich nur in Ostberlin.

VASTEHN SE DAS?

Über die Schwierigkeiten der Westdeutschen, die Sprache der Ostdeutschen zu begreifen

Der Justitiar der Itzehoer Druckerei ringt um Fassung. Der Ärmste hat gerade seine erste Begegnung mit der Spezies Ossi hinter sich, in Dresden, wo er wichtige Verhandlungen führte. Als er die nach zwei Tagen erfolgreich abschloß, verabschiedete sich ein Diplomingenieur mit den Worten von ihm: »So, ich hau' jetzt in'n Sack.«

»Können Sie sich das vorstellen?« fragt er mich. Kann ick, denn im Osten jibts eben ooch Dialekte, wie in München oder Köln.

»Das meine ich nicht«, sagt der Justitiar gereizt. »Ich meine, die Wortwahl ist doch voll daneben, oder?«

Stimmt, geb' ich zu. In Ostberlin sagen meine Kollegen aus Westberlin immer »Have a fucking day«, bevor sie gehen. Das hört sich viel hübscher an.

Viele Wessis leiden auch unter meiner Ausdrucksweise. Ein junger Mann vom Bodensee guckt jedesmal verzweifelt, wenn ich mich zu Wort melde. Er findet mein icke, dette, kieke mal unglaublich plebejisch. Aber das steht mir doch zu, wo ich in einem Arbeiter- und Bauernstaat geboren wurde.

Damit nicht alle Wessis in Ohnmacht fallen, wenn sie mir das erste Mal begegnen, hab' ich an meine Bürotür eine Postkarte geheftet, auf der steht: »Plaste und Elaste aus Schkopau«. Dieser Spruch ist für

mich sowas wie ein Bekennerbrief: »Ich bin aus dem Osten.«
Wenn ich wollte, könnte ich natürlich auch ganz anders. Augen statt Oogen, Brathähnchen statt Broiler, Supermarkt statt Kaufhalle, und fast alle könnten denken, ich spreche deutsch. Komplizierter wird es in der Sprache der Politik. Es fällt mir nach Wahlen schwer, lax zu sagen: Kohl hat eine Schlappe eingesteckt. Bei uns formulierte man das so: Der Generalsekretär der Sozialistischen Einheitspartei Deutschlands und Vorsitzender des Staatsrates der DDR, Genosse Erich Honecker, hat eine Schlappe, Quatsch: erneut einen Wahlsieg errungen.
Westdeutsche verstehen dieses Ostdeutsch nicht, weil es so feige war, aber umgekehrt verstehen wir Ostdeutschen sehr gut Westdeutsch. Wenn beispielsweise der Wahlverlierer der CDU von »Zugewinn« oder »auseinanderdividieren« spricht und Björn Engholm das Wahlergebnis »desaströs« nennt.
Wenn Gerhard Polt oder Dieter Hildebrandt in der DDR Gastspiele gaben, versammelten sich schon Tage vorher sozialistische Wartegemeinschaften vor der Tür. Das heißt, die Leute standen Schlange, um an Karten heranzukommen. Und obwohl die beiden Kabarettisten den fernen Alltag der Westdeutschen auf die Schippe nahmen, verstanden, besser: begriffen, die Leute von der ersten bis zur letzten Reihe jedes Wort. Wir waren offen für jede Anspielung, hörten jeden Zwischenton heraus, konnten perfekt zwischen den Zeilen lesen.
Die Alltags-Sprache war unser einziges Mittel, auf-

müpfig und frech, aber auch offen und aufrichtig zu sein. So bekam ich als Praktikantin einer angesehenen Zeitung den ehrenvollen Auftrag, für die Chefredaktion zwei kleine Leitern vom Pförtner abzuholen. Als ich damit die heiligen Hallen der Chefredaktion betrat, bemerkte ich launig: »Endlich bin auch ich eine Leiterpersönlichkeit.« Die Aussprache danach fand unter vier Augen statt.

Wieviel Power die Sprache der Ossis hat, bewiesen die Transparente, Plakate und Graffiti in ihrer Revolutionsphase: »So wie wir heute demonstrieren, werden wir morgen leben«. Oder: »Ruinen schaffen ohne Waffen – 40 Jahre DDR«.

An meine Hauswand hat kürzlich jemand gesprüht: »Das Chaos ist vorüber, es war die schönste Zeit«. I wo, wartet nur, bis sich die Ossis auf die neue Zeit eingeschossen haben.

EINFACH ZUM HAARE RAUFEN

Über Frauen, die nie den richtigen Friseur finden

Haben Sie »Edward mit den Scherenhänden« gesehen? Ja, ich weiß – der Film lief schon vor geraumer Zeit im Kino, aber ich komme ja immer aus dem Mustopp. Neulich nacht jedenfalls kam er endlich im Fernsehen. In den Hauptrollen waren unsäglich dicke, unsäglich doofe amerikanische Vorstadtfrauen in grellen Blümchenkleidern zu sehen. Das Gräßlichste an ihnen aber waren die Frisuren. So wie bei mir. Auch ich sehe meist aus wie ein aufgeplatzter Sessel. Dabei habe ich schon im Buddelkasten davon geträumt, eine Prinzessin mit goldenen Haaren zu sein.

Wieso ist mir eigentlich noch nie so einer wie Edward begegnet? Der würde mir – genauso wie diesen dicken doofen amerikanischen Vorstadtfrauen – mit seinen Scherenhänden über den Scheitel fahren, und in Nullkommanix sähe ich so toll aus wie die.

Als ich das erste Mal in den Westen fahren durfte – das war 1988 zu Tantchens fünfundsiebzigstem Geburtstag –, da fragte mich meine Tischnachbarin am Ende des Festes, ob ich Lust hätte, am nächsten Tag mit ihr zum Friseur zu gehen. Und da ihre Augen voller Mitleid waren, besiegten sie meinen Stolz. Wir Ossi-Frauen waren damals tatsächlich durch die Bank dauergewellt.

Am nächsten Morgen fuhren die sanften Hände einer Haarstylistin durch mein Borstenhaar. Ihr Programm war knallhart: »Wash and go, Kurpakkung, Kräuterspülung, Hair Revitalizer. Dann die Krause raus, den Nacken in feinen Abstufungen schneiden. Zum Schluß die Haare fransig in die Stirn. Packen wir's.«
Die Frisur sah toll aus – aber zu Hause wollten meine Lieben leider wieder das Gegenteil: Nacken, Pony, alles gleich lang und überall kleine Löckchen. Das ging so zwei Jahre lang. Dann schleppte mich meine Freundin Sabine aus Berlin-Charlottenburg zu ihrem Friseur. Der schneidet seinen Kundinnen die Haare nach deren Outfit. Wer Hermès trägt, bekommt einen klassischen Schnitt. Bei Klamotten von Yohji Yamamoto gibt's nur eins: auf einer Länge stumpf schneiden. Die Haare, versteht sich.
Ich weiß nicht mehr, was ich damals anhatte, aber es muß wohl scheußlich gewesen sein.
Jetzt sind wieder zwei Jahre um, doch so schnell gebe ich nicht auf. Gerade habe ich in einer dieser unzähligen Statistiken gelesen, daß alle Frauen ihren Friseur lieben. Er sei ihr engster Vertrauter, mache ihr unbezahlbare Komplimente.
Ich bin sofort los, in den neueröffneten Salon gleich um die Ecke. Da drinnen ist alles aus Beton – die Waschbecken, die Sitze, selbst das Tischchen für die Kaffeetasse. Wahrscheinlich auch der Kamm. Jedenfalls paßt der ganze Kram hundert Prozent zu unserem Plattenbau. Auch alles Beton.
Die Haarstylisten tragen in diesem Laden alle die gleiche Frisur: Glatze, mit einem rosa Puschel oberhalb der Stirn. Ich fand das merkwürdig, doch

Michael, der Chef, duzte mich auf Anhieb, küßte mich links und küßte mich rechts und goß mir ein Gläschen Schampus ein. Dann bog er interessiert meinen Kopf nach vorn und betrachtete mich wie einen seltenen Käfer.
Schließlich hatte er eine Vision und legte los. Er dozierte beim Waschen und Schneiden über die Funktionalität der Entwürfe Mies van der Rohes. Sprach über Bauhaus Dessau, und plötzlich begriff ich seine Vision: Mein Haar sollte federn wie ein Freischwinger von Breuer. Ganz einfach geschnitten, sachlich, nicht überstylt.
Aber wem steht das?

MEIN KLEINER PRINZ SPINNT

Über den Schock der Eltern, wenn ihre Kinder gerissen mit der Wahrheit umgehen

Neulich in der Küche, ich starrte gerade auf den überquellenden Mülleimer, da hatte ich urplötzlich das Gefühl, daß mich keiner liebt. Geht Ihnen das auch manchmal so? Zum Glück schoß gerade in diesem Moment Mäxchen um die Ecke. Mitten durch meinen Frust. Er wollte auf den Spielplatz. Ich wollte Streicheleinheiten. Also stellte ich ihm meine Lieblingsfrage: »Wen hast du am meisten lieb, Schnuppelchen?«

»O Gott, jetzt kommt wieder die Nummer«, sagte Mäxchen, setzte sich aber brav zu mir an den Tisch und begann nachzudenken. Jedenfalls tat er so. Und dann kam's: »Also, auf alle Fälle Frau Schmidt von nebenan. Die hat so einen dicken Busen. Und meine Lehrerin und Rudi aus der 3b und unseren Bademeister in der Schwimmhalle.«

Das gibt's nicht, schoß es mir durch den Kopf. Für Kinder bis zu sechs Jahren ist Ehrlichkeit doch oberstes Gebot. Das haben unlängst zwei Forscherinnen an der Berliner Humboldt-Universität definitiv herausgefunden. Wieso also lügt dieses Kind?

»Weil es bereits acht ist, Mama«, mischte sich Philipp ein. »Er konnte schon zwei Jahre üben. Und Mäxchen wird sich hüten, dir zu sagen, daß er dich am meisten liebt. Du willst doch nur, daß er den Müll runterbringt.«

Mein Gott, ist das kompliziert. Trotzdem bohrte ich weiter: »Ja, und wen hast du noch lieb?«
»Tja, wen denn noch ... Oma und Opa natürlich und Frau Krause aus der Drogerie. Die schenkt mir immer rote Lutscher ...«
»Ja und? Sind das etwa alle?«
»Nein«, sagt Mäxchen. »Mich hab' ich auch lieb!«
»Ach ja?«
»Na klar, wär' doch blöd sonst, wo ich den ganzen Tag mit mir zusammen bin.«
Zack, mein kleiner Prinz hat wieder zugeschlagen. Immer wenn ich gar nicht mehr weiter weiß, erklärt er mir die Welt.
In der Schule haben wir noch gelernt: »Die Philosophen haben die Welt nur verschieden interpretiert. Es kommt aber darauf an, sie zu verändern.«
Marx schrieb das mit siebenundzwanzig Jahren. Max weiß bereits mit acht, daß das Quatsch ist. Die Welt sollte unbedingt so bleiben, wie sie ist. Vor allem, wenn er am Wochenende morgens um sechs ungestört vor der Glotze hocken will.
Weil er deshalb stets Ärger mit seinen Eltern bekommt, versucht er uns mit den tiefsinnigsten Sprüchen auszutricksen. Nehmen wir Ostern. Da sagte er: »Mama, ihr seid mir ausgeschlafen böse darüber, daß ich ferngesehen habe, lieber als unausgeschlafen froh darüber, daß ich in euer Bett gekommen bin.«
Das hört sich wahnsinnig kompliziert an, aber wenn man sich das Ganze auf der Zunge zergehen läßt, kommt man auf den Geschmack. Manchmal auch nicht. Neulich beispielsweise wollte Papa mit

ihm Mathe üben. Wieviel ist die Differenz zwischen 31 und 27!

»Papa«, trotzte das Kind, »du schreibst ›drei eins minus zwei sieben‹ und sagst ›einunddreißig minus siebenundzwanzig‹. Das ist total unlogisch. Im Englischen sagt und schreibt man ›sörtiewann‹ und ›twentieseffen‹.«

»Das stimmt«, gibt sein Vater zu, »doch mit Logik kommen wir hier nicht weiter. Du mußt das eben auswendig lernen.«

»Ich habe aber keine Lust.«

»Sieh mal, Mäxchen«, mische ich mich ein, »denkst du vielleicht, mir macht es Spaß, am Sonntagvormittag Bohnen zu schnippeln?«

»Laß uns tauschen, Mama«, sagt er, »dann sind wir beide froh.«

Noch so eine faustdicke Lüge. Als hätte ich Lust, mit Papa Rechnen zu üben. Mathematik macht traurig. Das fand schon Luther.

»WIR RUDERN, IHR POPELT«

Über eine pöbelnde Kunstfigur und echte Plagegeister der deutsch-deutschen Eintracht

Scheiße!
Sie können sich natürlich denken, worum es bei so einem Anfang geht.
It's Motzki-Time.
Sie haben Motzki doch gesehen? Friedhelm Motzki, Frührentner, wohnhaft Berlin-Wedding. Wabbelbäuchig, miesepetrig sitzt er einsam in seinem deutschen Wohnzimmer (Schrankwand, Blümchentapete, scheckige Couchgarnitur) und motzt gegen die Ossis.
Er nennt uns ehemalige DDRler Zonendödels.
Der 3. Oktober (Deutsche Einheit) ist für ihn ein Katastrophentag. Er hatte nicht geahnt, daß hinter der Mauer eine einzige Ruine stand. Natürlich auf verseuchtem Boden, bevölkert mit Kalmücken (westmongolisches Volk).
Motzki ist häßlich und gemein, und die Politiker haben sich schon richtig Sorgen um die Nation gemacht. Rita Süssmuth befürchtete, daß die Serie Ost und West auseinandertreibt. Durch fünfundzwanzig Minuten Satire? Verwechselt sie da nicht Ursprung und Anlaß?
Berlins Regierender Bürgermeister wußte: »Wer unter vierzig Jahren kommunistischer Diktatur gelitten hat, kann über die Späßchen nicht lachen.« Wieviele Ossis kennt er?

Und der CDU-Bundestagsabgeordnete Friedhelm Ost forderte sogar: Die Serie muß weg! Was blieb ihm bei diesem Nachnamen anderes übrig.
Armes Deutschland, womit beschäftigen sich deine Politiker. Ich möchte mal wissen, was mich an Motzkis Sprüchen verbittern soll, wenn ich ganz andere Kröten zu schlucken habe. Zum Beispiel, daß sich die einen rückwirkend zum 1. Juni 1992 die Diäten erhöhen, während sie für die anderen den Solidarpakt schnüren. In Deutschland sind 3,45 Millionen Menschen arbeitslos, und unser Kanzler ist wild entschlossen, die größte industrielle Krise der Nachkriegszeit den Aussteigern unter dreißig in die Schuhe zu schieben.
Ich habe sie satt, diese verlogenen Sprüche. Da ist mir ein Motzki tausendmal lieber. Der beschimpft seine Schwägerin Edith zwar als »blöde Ostkuh«, aber sie weiß wenigstens, woran sie bei ihm ist. Der feine Charme der Bourgeoisie ist viel unbekömmlicher. Den kann man nicht einfach abschalten, den muß man verkraften. Die wirklichen Motzkis tragen blaue Nadelstreifen und fressen Kreide, bevor sie den Konkurs ganzer Regionen bedauernd verkünden.
»Meinst du, die Wessis sind wirklich so blöd wie Motzkis Cousine aus Bonn?« fragt mich mein Neffe nach Teil zwei ganz besorgt. »Die wußte ja noch nicht mal, daß Honecker mit Vornamen Erich und nicht Egon heißt.«
Ich denke, die meisten Wessis wissen Bescheid über uns. Vornamen sind Schall und Rauch. Wenn Korrespondent Möller (Karl-Dieter) zum Paragraphen 218 aus Karlsruhe berichtet, dann ist es gar nicht

schlimm, wenn er Ostdeutschlands beliebteste Politikerin mit Vornamen Angelika nennt. Ossis wissen, daß sie Hildebrandt, Regine heißt. Schlimm wär's nur, im ORB würde ein Interviewer Frau Breuel mit Barbara anreden. O-Ton Motzki: »Ihr seid doch nun schon drei Jahre Deutsche, da müßt ihr doch endlich mal was kapieren.«

Stimmt. Warum haben wir Ossis eigentlich nicht zuerst öffentlich-rechtlich gegen die deutsch-deutsche Zwietracht gemotzt? Jetzt, wo wir endlich dürfen. Weil wir eben Zonendödel sind. Früher haben wir auf Freitag gewartet, jetzt auf Menge.

»Wir sitzen doch in einem Boot«, fleht in einer der letzten Folgen Edith dieses Ekel Motzki an. Der aber gallt zurück: »Aber wir rudern, und ihr popelt in der Nase.«

Motzki bleibt Motzki, und die Mauer im Kopf behält er bis zum Schluß. Wie im wirklichen Leben.

DER TÄGLICHE HORROR

Über die Schrecken beim Zeitunglesen und den verlorenen Glauben an das Gute im Menschen

Mein Gott, ist das alles furchtbar. Grade habe ich die Zeitung gelesen. Sachen passieren. Im englischen Thetford ist gestern eine Herde mit zweiundzwanzig tragenden Kühen vom Blitz erschlagen worden. Eine ganze Herde auf einen Streich. Booh. Und im Grunewald hat eine Vierundachtzigjährige vorgestern ihre beste Freundin, einundsiebzig, in der Garage mit dem Auto an der Wand zerquetscht. Irgendwie war der Wagen ins Schlittern gekommen. Oder: In Mexiko hat ein gewisser Roul vorigen Donnerstag seine Geliebte gegessen. Ahnungslos natürlich. Als er abends nach Hause kam, überraschte ihn seine schwangere Frau mit seinem Lieblingsessen: Hackfleisch-Auflauf in Chili-Sauce. Roul aß mit großem Appetit und langte nochmals kräftig zu. Als er sich zufrieden über den Bauch strich, sagte ihm seine Frau: Du hast gerade deine Geliebte gegessen. Furchtbar nicht?

Da fällt mir ein, wir sind morgen auch zum Essen eingeladen. Zu wildfremden Leuten eigentlich. Die haben wir im Urlaub in Schottland kennengelernt. Ich glaube, es war am Ufer des Loch Ness, da hat mir die Frau ganz im Vertrauen erzählt, daß sie ihre Schwiegermutter überhaupt nicht ausstehen kann. Hoffentlich gibt's Fisch.

Doch blättern wir weiter. O Gott. Ein deutsches

Urlauberpaar schlief in Florida zwei Tage in einem Bett, ohne zu merken, daß darunter eine verweste Leiche lag. Der Tote war in einen Plastiksack gewickelt und mit einem Geruchskiller bestreut. Was für eine Wirkung! Die Herstellerfirma ist leider nicht genannt.

Oder im schwedischen Lund. Da öffnete ein Mann seinen Klosettdeckel und schreckte in Panik zurück. In der Schüssel lag eingerollt eine zwei Meter dreißig lange Boa Constrictor. Die Boa, in der Nachbarwohnung als Haustier gehalten, hatte sich während der Hitze der vergangenen Wochen aus dem Staub gemacht und in der Toilette des Nachbarn Kühlung gefunden. Die Zeitung schreibt, in Lund traut sich jetzt keiner mehr aufs Klo.

Ich auch nicht. Hier in Berlin war es nämlich auch ganz schön heiß, und die Müllers von gegenüber halten einen Otter auf ihrem Balkon.

Also, ich weiß ja nicht, wie es Ihnen geht, aber ich finde, ein einzelner Mensch kann soviel Schlechtigkeit auf der Welt gar nicht verkraften. Man verliert doch den Glauben an das Gute im Menschen. Beim Zeitunglesen jedenfalls.

Nehmen wir nur mal gestern die Wartegemeinschaft vor unserem Fahrstuhl im Plattenbau. Ungefähr sieben, acht Leute, die sich schon lange nicht mehr guten Tag sagen, weil auch die Umgangsformen immer mehr verrohen, warten wir, bis der Fahrstuhl kommt. Und als die Tür endlich aufgeht, steht da eine schwarze Tasche auf dem Boden, aber kein Mensch, der dazugehört. Als trainiertem Zeitungleser fällt einem doch nur eins ein: Bombe!

Natürlich steigt keiner von uns ein. Also geht die

Tür wieder zu, der Fahrstuhl fährt wieder hoch und kommt wieder runter. Die Tür geht auf – und die Tasche steht immer noch da.
»Ich ruf' jetzt sofort den Hausmeister«, sagt ein kleiner Dicker neben mir. Er stürmt los und knallt an der Haustür mit dem Doktor aus der elften Etage zusammen.
»Stellen Sie sich vor«, schreit der aufgeregt, »Irgend so ein Mistkerl hat mir meine Tasche geklaut.« Dann starrt er in den Fahrstuhl und sagt: »Die sah ungefähr so aus wie die da.«
Es war seine.

WAHNSINN

Was einer Familie aus Ost-Berlin an den ersten Tagen mit der D-Mark widerfahren ist

Wahnsinn. Vier Jahre sind seit dem Tag vergangen, als wir in der (ehemaligen) DDR Sterntaler spielen durften. Alle sagten damals Wahnsinn. Kurz vor und lange nach diesem 1. Juli 1990 …

Ein paar Tage vor der Währungsunion bekam ich den Auftrag, eine Reportage über das neue Spielcasino in der siebenunddreißigsten Etage des Hotels Stadt Berlin zu schreiben. Ich verschleuderte damals meine gesamten Spesen. Zehn Deutsche Mark waren das. Na, jedenfalls lernte ich dort eine Frau namens Helene kennen. Die stammte aus Westberlin, wie man damals noch sagte, und schloß mich offensichtlich sofort in ihr Herz. Sie schenkte mir ein paar Jetons und lud mich und meine Familie am nächsten Tag zum Essen ein.

Beim Essen fragte sie uns dann, ob unser Konto schon voll sei.

»Wie, voll?« fragte mein Sohn und bestellte sich seine vierte Cola. Peinlich. Vier Cola kosteten ein Vermögen.

»Naja«, sagte Helene, sichtlich genervt, »ich meine, ihr könnt doch viertausend Piepen pro Kopf eins zu eintauschen, und für eure Kids jeweils zweitausend. Ich dachte nur, wenn ihr das Geld nicht habt, könnte ich euch unter die Arme greifen. Nach der Währungsunion machen wir dann fifty-fifty.«

Es wäre ein gutes Geschäft für Helene gewesen. Am Bahnhof Zoo bekam man noch kurz vor der Währungsunion für eine Mark West viel Mark Ost. Und die dann auf unserem Konto eins zu eins zurückgetauscht – nicht schlecht, Herr Specht.
Weil wir aber nicht wollten, zerbrach unsere neue Freundschaft ziemlich schnell. Man kann sagen: vor der Kneipentür.
Die originellste Idee zur Währungsunion hatte allerdings die Deutsche Bank. Sie öffnete ihre Filiale am Alexanderplatz Schlag Mitternacht. Und schon wenige Minuten später drohte der geldgierige Mob, den obersten Öffentlichkeitsarbeiter dieses noblen Geldinstituts, Herrn Hellmut Hartmann, dem Erdboden gleichzumachen. Dabei stand er doch nur in der Tür, um den Massen zuzurufen: »Keine Panik, Leute. Es ist Geld genug für alle da.«
Doch keiner hörte auf ihn. Einer dieser Stürmer und Dränger brüllte ihm sogar »Platz da!« ins Ohr. Ein Reporter sagte danach leise in sein Mikrofon: »Wahnsinn, wenn man bedenkt, wie zivilisiert und friedlich diese Menschen waren, als sie das erste Loch in die Mauer schlugen.«
Ja, wirklich. Wahnsinn. Am Abend verspricht uns der Kanzler im Fernsehen: »Den Deutschen in der DDR kann ich sagen: Es wird niemandem schlechter gehen als zuvor, dafür vielen besser...«
Das war natürlich eine faustdicke Lüge, denn niemals zuvor in unserem Leben mußten wir im Osten so lange am Sparkassenschalter anstehen wie bei dieser Währungsunion.
Wir sind dann am nächsten Tag in den Urlaub gefahren. Unser letzter FDGB-Urlaub. Elf Tage Mühl-

hausen im Vogtland für dreihundertfünfzig Deutsche Mark. Wir dachten damals, das sei billig. Ein Schnäppchen sozusagen. Grrr! Unser Postbote ist kürzlich für zweihundertzwanzig Mark einmal nach Spanien, hin und zurück, gefahren, inklusive sechs Tage Aufenthalt. Wahnsinn.

Wir wollten natürlich auch viel in den Westen. Coburg, Bayreuth, Kulmbach und Hof, das lag ja alles ganz dicht neben unserem FDGB-Ferienheim. Und der Kanzler hatte den Menschen in der alten Bundesrepublik auch versprochen: »Keiner wird wegen der Vereinigung Deutschlands auf etwas verzichten müssen.«

Die Menschen dort glaubten ihm das aber nicht. Die konnten uns nicht leiden, obwohl nicht einer von uns als Alteigentümer kam. Das gab's damals noch gar nicht. Wir wollten doch nur gucken, mein Gott.

In Karlsbad war alles ganz anders. Da klopfte mir gleich auf dem Parkplatz ein Mann auf die Schulter und fragte: »Du deutsch? Wollen tauschen?« Das hatte mich noch nie einer gefragt. Bisher mußte ich immer fragen, wenn wir was brauchten, das es für Alu-Chips nicht gab: einen Vorschalldämpfer für unseren Trabi oder eine Mischbatterie fürs Bad, Olivenöl, Gummibärchen, Tempotaschentücher, Werkstatt-Termine, ein Zimmer auf Hiddensee.

Zum ersten Mal in unserem Leben spielten wir dieses Spiel mit vertauschten Rollen. Das war neu und peinlich zugleich. Waren wir nun ab sofort Menschen erster Klasse und der Mann da, auf dem Parkplatz, einer aus der zweiten Klasse?

Er wollte dreißig Mark und gab uns dafür dreihundert Kronen. Die reichten für zwei Budweiser, zwei Limonaden, vier Suppen, vier Gulasch mit Semmelknödel und Sauerkraut, vier Eis mit Sahne und zwei Tassen Kaffee. Dazu kamen noch drei Luftballons und ein kleines Lederportemonnaie mit dem Karlsbader Wappen.

Auf dem Weg zum Parkplatz kamen wir an einem kleinen Bäckerladen vorbei, vor dem eine sozialistische Wartegemeinschaft in Viererreihen stand. Im Schaufenster sah man, was es hier ab siebzehn Uhr geben würde: diese köstlichen Karlsbader Oblaten, die uns unser Tantchen früher immer aus Göttingen mitbrachte.

Wir stellten uns an und kratzten unsere letzten Kronen zusammen. Sie reichten gerade mal so für eine Packung.

»Schade, daß wir Omi keine mitnehmen konnten«, sagte unser Jüngster auf dem Heimweg.

Ja, das war schade. Erst kurz vor der Grenze fiel es uns wie Schuppen von den Augen: »Menschenskinder, wir haben jetzt doch Westgeld. Wir hätten den ganzen Laden leerkaufen können.«

Aber dann kam alles noch viel schlimmer.

SOCKEN, BITTE MELDET EUCH!

Über die täglichen Reality-Shows im wirlichen Leben

Die Frau auf der geblümten Plüschbank erinnert sich an diese schreckliche Begebenheit vor fünfunddreißig Jahren, als wäre sie gestern geschehen: Da steht sie im Wohnzimmer, vor Großvaters prächtigem Ohrensessel. Seine Augen leuchten vor Glück, als sie ihm zum achtzigsten Geburtstag ein Ständchen bringt. Sie singt mit glockenheller Stimme vom Brunnen vor dem Tore. Da geschieht das Unfaßbare: Ihr kleiner Bruder rülpst dazwischen. Das war so gemein.

Damals schwor sie sich und ihren Eltern, nie wieder ein Wort mit diesem Scheusal zu sprechen! Doch nun sitzt es vor ihr, auf dieser Plüschbank von RTL, und flüstert »Verzeih mir!« Und wahrscheinlich schauen 5,2318 Millionen zu.

Auch ich habe Schuld auf mich geladen. Es war am vorigen Wochenende. Obwohl mein Sohn null Bock hatte, zwang ich ihn auf die Leiter, um endlich die Gardinenstange im Schlafzimmer anzubringen. Da geschah das Voraussehbare: Er fiel. Ziemlich tief. Ungefähr sechs Sprossen. Das Kind hatte Schmerzen – ich sah es sehr deutlich, denn es rieb sich mit schnellen Handbewegungen immer und immer wieder sein Schienbein. Und ich? Ich starrte auf den Biedermeierschrank und flüsterte immer und immer wieder: »Merde, Merde, Merde!«

Die Leiter hatte auf dem guten Stück ihre Spuren hinterlassen.
Leider spricht das Kind schon wieder mit mir, sonst wäre ich zu allem bereit gewesen. Also entweder zu »Ich bekenne«, Sat. 1, oder eben »Verzeih mir« bei RTL. Die haben eine höhere Einschaltquote.
Heute früh habe ich meine Bewerbungsunterlagen zu den Kollegen von »Bitte melde dich!« geschickt, denn seit vielen Jahren verschwinden sie immer wieder auf Nimmerwiedersehen: die Socken meines Mannes. Anfangs hat er mich noch gestreichelt, wenn eine graue, feinrippige (rechts) von »Falke« im Bermudadreieck zwischen Badezimmer und Waschmaschine verschwand. »Mein kleines Schusselköpfchen«, sagte er immer zu mir und lächelte. Mittlerweile ist er stumm. Zuerst glaubte ich, er hätte sich mit diesem ungelösten Geheimnis abgefunden. Bis mich eine Freundin neulich im Kino fragte, ob das jetzt »in« sei, zwei unterschiedliche Socken zu tragen. Er hatte tatsächlich eine schwarze und eine grüne an.
Wo bist du, du linke grüne? Wo bist du, du rechte schwarze? Bitte meldet euch!
Last, but not least hätte ich noch eine »Traumhochzeit« anzubieten, die die Seelen aller Deutschen endgültig zum Schmelzen bringen könnte. Erträumt hat sie Otto Buchwitz, Altfunktionär der deutschen Arbeiterbewegung, bereits 1954 – also lange, lange vor der gerade stattfindenden Vereinigung. In seinem Diskussionsbeitrag auf dem IV. Parteitag der SED hatte er folgende Vision: »Die Einheit Deutschlands kommt so gewiß, wie auf den heutigen Tag der morgige folgt. Und wenn die

Hochzeit zwischen Ost- und Westdeutschland sein wird, werden wir, die DDR, als Bräutigam mit schönen Gaben kommen. Wir werden mit vielen volkseigenen Betrieben kommen, die uns die Mittel geben, das Leben unserer Menschen zu verbessern. Wir werden als ein schuldenfreier Teil Deutschlands kommen. Ich werfe die Frage auf: Und ihr als Braut, was bringt ihr? Den Buckel voller Schulden! Aber wir heiraten euch trotzdem, weil wir euch lieben!«

Und sollte die Liebe nicht lange halten, besteht kein Grund zur Panik. RTL plant Wiedergutmachung: »Splitterabend – die Trennungsshow«. Da können wir dann stellvertretend für uns alle Gregor Gysi und Gertrud Höhler vor der Kamera aufeinanderhetzen. »Bare Münze« gegen »American Express«, sozusagen.

IMMER LANGSAM VORAN ...

Über eine Reise in die fünfziger Jahre und die Dauer des alten Schlendrians

Eigentlich wollte ich nur hundert Gramm grobe Teewurst. »Welche«, fragte die Verkäuferin, »wir haben fünf Sorten da.«

»Am liebsten wär' mir eine aus dem Osten«, sag' ich, und der Mann im blauen Schlosseranzug neben mir kriegt fast einen Schlaganfall. »Rote Socke jewesen, wa«, raunzt er mich an. »Weenst immer noch dem Fernen Osten hinterher, wa?«

»Na, Männeken, Typen wie dir janz bestimmt nich«, sagt eine resolute Dame hinter ihm. »Ick möchte mal wissen, warum de hier am hellerlichten Tage Wurscht einkoofst, anstatt in dein' Klempnerladen für'n Uffschwung Ost zu sorgen.«

Goldene Worte auch in meines Klempners Ohr. Der brauchte einen Monat für den Versuch, einen Schlauch an unserer Waschmaschine auszuwechseln. Zuerst hatte er die falschen Ersatzteile dabei. Dann konnte er eine ganze Woche nicht kommen; seine Eltern feierten Silberne Hochzeit. Zu guter Letzt platzte in seinem Laden ein Wasserrohr.

Wir haben uns inszwischen eine neue Waschmaschine gekauft. Ich denke, das war die einfachste Lösung. Aber nur, weil sie in unseren Fahrstuhl paßte.

Sperrige Couch-Garnituren beispielsweise müssen drei Tage vor der Anlieferung beim Hausmeister angemeldet werden, sonst erweitert er den Fahrstuhl nicht. Für uns war trotzdem alles zu spät, als die neuen Sofas vorigen Freitag um vierzehn Uhr anrollten. Der Hausmeister machte gerade Feierabend. »Montag früh um sechse schließ' ick Ihnen den Fahrstuhl uff. Jetzt würde ick nur Ärger mit de Jewerkschaft kriegen«, sagte er kurz.

Auch im »Leibarzt«, einem Restaurant in Berlin-Lichtenberg, geht alles noch seinen sozialistischen Gang. Der Barkeeper, die Kellnerin und der Koch spielen gerade einen Grand mit Vieren, als wir dort kurz nach der Öffnung aufkreuzen. Wir sind die einzigen Gäste und bleiben es wahrscheinlich auch, denn die drei haben zu tun. Dem Grand folgt eine Runde Bock und eine Runde Schieber, danach das erste Bier. Für unseren Tisch jedenfalls.

Nicht nur in Berlin, auch anderswo im Ossi-Land ist der Kunde längst noch nicht König. Im sächsischen Bad Schandau bitte ich den Kellner, mir beim Sauerbraten die angedrohte Rohkost zu ersparen. Meistens schwimmt sie mitten in der Soße. Doch der Mann ist empört. »Wieso«, fragt er, »früher ham Se des doch ooch so jefressen.«

Die Pension, in der wir wohnen, hat TV, Dusche und WC. Im TV gibt's nur ein Programm. Wahrscheinlich eine Altlast vom früheren Parteisekretär. Der dreißig-Liter-Boiler ist lange ab-, der Nachtspeicherofen gerade angeschaltet.

»Isset nisch härrlisch, Elfriede«, dringt es durch die Gipswand aus dem Nachbarzimmer. »So war's früher, als mer noch jung war'n. Nur im Bett isset schön warm.«

Zum Frühstück haben alle um uns herum rosige

Wangen. Unsere sind blaß. Wir sind auch die einzigen Ossis weit und breit. Während sich die einen auf der Reise in die fünfziger Jahre befinden, verharren wir da schon ziemlich lange.
Auf dem Weg nach Hause kommen wir an einem Fleischerladen vorbei. Die Sülze, die Leberwürste, die Knacker – alles hausgemacht. Beim Bäcker nebenan kaufen wir Semmeln und bestellen zwei Tassen Kaffee. Eduscho ist jetzt immer und überall. Doch nicht mehr fünf vor eins. »Es lohnt sich nicht mehr, wir schließen gleich«, sagt die Dame hinterm Ladentisch und läßt die Rolladen herunter.
Gerade rief mich ein Kollege aus Brandenburg an. Er hat aus gut unterrichteten Kreisen erfahren, daß Stolpe definitiv für den chinesischen Geheimdienst tätig war. Ich weiß, Sie würden gerne mehr darüber hören, aber leider, leider – ich habe in fünf Sekunden Feiera …

WO HAB' ICH DENN BLOSS NUR...?

Über das beschwerliche und aufregende Leben von Menschen mit einem schlechten Gedächtnis

Treffen sich zwei alte Freunde im Kaufhaus.
»Na, wie geht's denn so?« fragt der eine.
»Ach, weißt du, seitdem ich zwei Wochen auf dieser Gedächtnisschule war, wieder bestens«, sagt der andere.
Der Freund ist begeistert: »Eine Gedächtnisschule – genau da muß ich auch hin. Wo war denn die?«
»Äh, wart mal – im Urlaub waren wir in Bayern. Bin ich gleich anschließend weitergefahren? Nein, wir hatten eine Panne auf der Autobahn. Jetzt fällt's mir ein: Die Gedächtnisschule war in Magdeburg. Da mußte ich für zwei Tage zu einer Dienstberatung. Aber das kann nicht sein, denn am nächsten Tag mußte ich nach Bonn. Wart mal, jetzt hab' ich's. Weißt du noch, wie meine Lieblingsblume heißt?«
»Keine Ahnung«, sagt sein Freund. »Ich tippe mal: Rose?«
»Richtig!« sagt der andere und brüllt quer durchs Kaufhaus: »Rosiiii! Weißt du noch, wo die Gedächtnisschule war?«
Diesen Witz hab' ich am vergangenen Samstag beim Käse-Fondue erzählt. Die Gäste bogen sich vor Lachen. Im Laufe dieser Woche riefen alle nacheinander bei mir an und fragten: »Sag mal, dieser Witz mit der Gedächtnisschule, wie ging der nochmal?«

Ein schöner Erfolg. Doch die Adresse dieser Gedächtnisschule wär' mir – ehrlich gesagt – noch lieber. Ich persönlich vergesse nämlich nicht nur Witze, ich vergesse einfach alles: Namen, Schlüssel, Versprechen, Regenschirme, Geldkarten, Geburtstage, Adressen, Buchtitel.
Jeden Morgen spielt sich bei mir vor der Haustür beispielsweise das gleiche Drama ab. Ich weiß nie, wo ich am Abend das Auto geparkt habe. Hundebesitzer können nach ihrem kleinen Liebling pfeifen. Ich muß ihn suchen. Vor der Wende bin ich dabei zweimal fast verhaftet worden. Ich wollte in Autos steigen, die mir nicht gehörten, aber die Dinger sahen wirklich alle gleich aus: Papyrusweiß und irgendwie pappig.
Oder nehmen wir meinen Terminkalender. Da steht unter meinem Geburtstag, wo ich immer Dinge notiere, die ich auf keinen Fall vergessen darf: 030/23 10 13 16. Was wollen mir diese Zahlen sagen? Vielleicht hab' ich ein Nummernkonto in der Schweiz und weiß es nicht mehr?
Der Gedächtnis-Psychologe Roland Arbinger hat sowieso herausgefunden, daß sich Frauen bei Zahlen und Telefonnummern nicht auf ihre grauen Zellen verlassen dürfen. Alles, was für das eigene Prestige wichtig sein könnte, ist Männersache. Frauen sind für den human touch zuständig. Sie merken sich Opas Zahnarzttermin, die Öffnungszeiten der Schwimmhalle oder den eigenen Hochzeitstag. Den hinwiederum könnten sie vergessen, ohne daß es überhaupt jemand merkt.
Neulich hab' ich in einem Magazin gelesen, daß man die grauen Zellen trainieren kann. Beispiels-

weise mit Kreuzworträtseln. Haben Sie schon mal eins gelöst? Ich brauchte dringend mein Lexikon in zwei Bänden, um nach einem Papageien mit drei Buchstaben zu suchen. Gefunden hab' ich zwei Theaterkarten für den 23. November 1992, zwanzig Uhr, Parkett, links, dritte Reihe. Sie steckten in einem Buch, das ich der Stadtbibliothek spätestens bis zum 13. Oktober 1991 zurückgeben sollte. Bei denen scheint es auch drunter und drüber zu gehen. Noch nicht eine Mahnung!

Gerade eben fällt mir das Magazin mit dem »Gehirn-Jogging« in die Hände. (Pst!!! Es war der »stern«.) »Wir wiederholen jetzt Übung eins: Legen Sie den ›stern‹ beiseite und zählen Sie in Siebener-Schritten von hundert zurück bis zwei (also hundert, dreiundneunzig, sechsundachtzig usw.). Erzählen Sie anschließend den Witz mit der Gedächtnisschule. Falls Sie die Pointe vergessen haben und auch den ›stern‹ nicht mehr finden, rufen Sie mich einfach an: 030/23 10 13 16.«

SELBSTBILDNIS ALS SOCKE

Über unsachliche Kritik an der Stellung meiner Mundwinkel

Rein äußerlich stimmte an diesem Morgen eigentlich alles. Die Sonne schien, der Kaffee duftete, die Brötchen auch. Doch dann kam Philipp. Kaum saß er am Tisch, stopfte er sich ein Croissant quer in den Mund und stellte mampfend fest, daß der Zukker fehlte. Danach beobachtete er mich wie einen seltenen Käfer. Schließlich fragte er: »Was ist denn mit dir los, Mama? Hast du etwa schlechte Laune?«

Wie kommt dieser Bengel nur darauf? Warum sollte ich schlechte Laune haben? Heute morgen lagen seine dreckigen Socken vor der Wanne. Ja und? Sie lagen davor, nicht in der Wanne. Da lagen nur ein paar Haare von ihm im Abfluß. Wirklich nur ein paar. Ich glaube, so an die sechzig fallen jedem von uns pro Tag aus. Philipp jedenfalls. Ich kann sie jeden Morgen in der Wanne zählen. Warum sollte ich deshalb schlechte Laune haben? Das ist normal.

Auf dem Flur sehe ich, daß Mäxchen sein Sportzeug vergessen hat. Wie jeden Donnerstag. Das ist normal. Normal ist auch, daß jetzt gleich Mäxchens Vater anrufen wird, um mich zu fragen, ob ich irgendwo seinen Büroschlüssel gesehen habe.

Ich habe ihn gesehen. Er liegt auf der Kommode. Doch ich kann jetzt keine Auskünfte mehr geben. Ich muß mein Auto suchen. Philipp hat mir näm-

lich nicht verraten, wo er es am Abend abgestellt hat.
Es steht gleich hinter dem Supermarkt. Das sind keine zweitausend Meter Luftlinie von unserer Haustür aus. Außerdem scheint immer noch die Sonne. Ich habe gute Laune.
Der Moderator im Autoradio hat wahnsinnig gute Laune. »Hey, Leute, geiles Wetter draußen«, brüllt er in sein Mikrofon. »Wer noch keinen Hautkrebs hat, sollte sich jetzt in die Sonne legen. Es ist fünf vor zwölf, äh, fünf vor neun.«
Eine Brüllnummer.
Im Fahrstuhl zum Büro treffe ich dann Herrn Schmidt aus der Verwaltung. Der ist ganz aus dem Häuschen. »Ja, hallo, Frau Wendt«, ruft er hocherfreut. »Ich hab' kürzlich das erste Mal was von Ihnen gelesen. Die Kolumne über das schlechte Gedächtnis. Fand ich witzig.«
»Das ist schön«, sage ich, nun ebenfalls hocherfreut. Und Herr Schmidt: »Sieht man Ihnen gar nicht an, daß Sie so viel Humor haben.«
Das gibt's doch nicht. Wenige Tage zuvor mußte ich mir das schon einmal anhören. Da betraf es allerdings nicht nur mich, sondern alle Deutschen.
Unser Freund Carlos aus Brasilien war nämlich vier Wochen zu Besuch bei uns. Er reiste quer durchs Land, um dann in einer langen Nacht vor seinem Abflug festzustellen: »Ihr habt hier alle so schlechte Laune. Ihr Deutschen seid so satt.«
Also ich für meinen Teil bin kein bißchen satt. Ich mache gerade eine Diät. Morgens, mittags, abends Quark, 0,2 Prozent Fett, das nervt. Außerdem war ich noch nie auf Teneriffa, fahre kein Cabriolet mit

vier Türen, und Klamotten von Jil Sander kann ich mir auch nicht leisten. Da sacken die Mundwinkel schon mal ab.
Aber das muß ja nicht jeder gleich sehen, schließlich lebe ich jetzt alles in allem in blühenden Landschaften.
Deshalb wollte ich mir als erstes das Buch von Dale Carnegie: »Sorge dich nicht, lebe!« kaufen. Außer mir müßten es im Prinzip schon alle gelesen haben, denn es steht seit Jahren auf der Bestsellerliste der Sachbücher.
Die Verkäuferin im Buchladen um die Ecke kannte das Buch leider nicht. Sie schien noch nicht mal darin geblättert zu haben. Ich las ihr deshalb eine Stelle daraus vor: »Stellt euch vor, ihr wärt eine alte, zerknitterte Socke! Dann könnt ihr gar nicht anders, als euch entspannen.«
Socken aller Länder, vereinigt euch!

MACHEN KLEIDER LEUTE?

Über gestylte Wessis, die jeden Ossi an seinem hinterwäldlerischen Aufzug erkennen wollen

Es war im Sommer vergangenen Jahres, da kam ich auf die verwegene Idee, meinen Marktwert als Ossi zu testen.

Ich schickte meine Unterlagen an eine umstrittene Berliner Illustrierte eines Münchner Verlages, deren Chefredakteur mich zwei Wochen später zu einem Gespräch einlud. Natürlich saß er gerade in einer wichtigen Sitzung, und die Sekretärin bat mich zu warten.

Nach fünf Minuten diskreter Beobachtung fragte sie mich: »Sind Sie aus dem Osten oder aus dem Westen?« »Ich bin aus dem Osten«, antwortete ich wahrheitsgemäß. Nach weiteren fünf Minuten holte sie tief Luft und sagte: »Endlich sieht man's mal nicht.« Ich hatte ein schwarzes Kleid von »Versace« an. Ein Modedesigner, von dem ich mein Lebtag nie etwas gehört hatte, bis mir eine Freundin aus Berlin-West das edle Stück überließ.

Mittlerweile weiß ich natürlich, in welch edle Boutiquen »Versace« seine Meisterwerke hängt, und die Fummel aus dem Wühltisch sind längt kein Ereignis mehr für mich. Aber das Hinterwäldlerische haftet mir immer noch an.

Vorige Woche war ich am Flughafen München mit einem mir unbekannten Fotografen verabredet, der auf meine telefonische Anfrage, woran ich ihn erkennen könnte, antwortete: »Ich trage eine Brille von Armani. Und Sie?«

Ich trage keine Brille von Armani. Aber dafür einen Rock aus dem VEB Damenmoden Oberlungwitz, vor drei Jahren im VEB Exquisit für 488 Mark erstanden, und Schuhe von »Goldpunkt«. Firmen, deren Namen nur gelernten Ossis in den Ohren klingen. Doch keine Frage, der Fotograf wird mich darin sofort enttarnen, denn Wessis erkennen alle Ossis auf den ersten Blick. Finden die Wessis.

Meine Freundin Gudrun war kürzlich zu einer Vernissage (wir sagten früher Ausstellungseröffnung) am Ku'damm geladen. Ein Bekannter stellte sie vor mit den Worten: »Schaut mal, ihr Lieben, ich habe gleich die Presse mitgebracht.« Eine Dame in zerknautschtem Leinen – wir hätten uns nie getraut, so was ungebügelt anzuziehen – musterte Gudrun daraufhin sehr aufgeschlossen, bis sich ihr Blick an den Schuhen festbiß. »Wie ich sehe, die Ostpresse«, sprach die Dame.

Staatssekretärin Dr. Sabine Bergmann-Pohl, unsere Frau in Bonn, findet es stark, wenn wir uns nicht verwandeln wie Chamäleons, sondern zu unserer Herkunft stehen. Sie sagt: »Wir brauchen mutige Leute.« Wer, wenn nicht wir, hätte die Chance, dem westlichen Irrtum entgegenzutreten, der Wert eines Menschen steige durch seine Kleidung. Als sie noch Volkskammerpräsidentin der DDR war, ist sie diesem Irrtum nur ein einziges Mal erlegen. Da lud sie ein guter Freund (Wessi) zu einem Einkaufsbummel am Ku'damm ein. Mann, war das ein Skandal. Eine Ossi-Frau, die sich aufmotzt.

Und jetzt? Sollen wir uns als arme, unterprivilegier-

te Ossis abchecken lassen oder lieber den Bausparvertrag fürs schönere Wohnen in einen für Lifestyle transferieren?
Doch selbst dann haben wir Ossis es schwer. Mal angenommen, ich entschließe mich zum Kauf einer »Barbour«. Dann wissen die Wessis sofort: Ich bin natürlich, spontan und nobel. Aber die Ossis, die denken doch, daß ich unter der Brücke schlafen muß. Wer sonst würde sich so ein stinkendes Wachstuch freiwillig überziehen?
Die Gewinner der Einheit sind wahrscheinlich die Nudisten. Wenn sie nicht auf Frotteehandtüchern sitzen. Denn von denen gibt es auch so 'ne und solche.

OBEN OHNE NACH OBEN

Über die neuesten Erkenntnisse, wie Busengröße und Karriere zusammenhängen

Eigentlich wollte ich dieses Jahr Karriere machen. Eine total blöde Idee, wie ich jetzt lesen mußte. Mein Busen ist nämlich viel zu groß. Eindeutig. Seriöse Wissenschaftler der Gesellschaft für Rationelle Psychologie haben gerade herausgefunden: »Flachbrüstige Frauen gelten bei Chefs und Kollegen als risikobereiter, ehrgeiziger, erfolgreicher und sind eher zur Chefin geeignet als Frauen mit großen Brüsten.« Um zu dieser für mich erschütternden Erkenntnis zu kommen, befragten sie 3718 Menschen mit und ohne Busen. Mich nicht. Leider. Wahrscheinlich hätten sie mich bei dieser Oberweite auch gar nicht angesprochen. Obwohl: Die Kleinbusigen sind in Deutschland in der Minderheit.
Dafür sitzen sie in den Chefetagen. Und das hat drei Gründe, sagen Experten. Zum einen spukt in den Köpfen deutscher Männer und Frauen (!) immer noch das Klischee von der zwar schönen, aber dümmlichen Marilyn Monroe herum. Zum anderen stehe aber ziemlich fest, daß kleinbusige Frauen nicht wirklich intelligenter sind. Sie sind nur leistungsorientierter, weil sie glauben, so fehlende männliche Aufmerksamkeit kompensieren zu können, die Dickbusige eher bekommen. Mein Gott, mit dieser Logik muß man erst mal fertig werden. Frauen wie mir fällt das verständlicherweise schwer.

Last not least produzieren Frauen mit kleinen Brüsten mehr männliche Hormone. Die bewirken, daß sie aggressiver, entschlußfreudiger, tatendurstiger und betont forscher auftreten als die Vollbusigen.
Und das gefällt den Männern? Ich dachte immer, die lieben uns klein, kuschelig, anschmiegsam, mit warmen, weichen Brüsten. Nein? O.K. Hadern wir nicht mit dem Schicksal. Machen wir was draus.
Gerd Gerken, ein Unternehmensberater aus Worpswede, plädiert schon seit ewigen Zeiten dafür: »Frauen haben es leider bis heute nicht geschafft, ihre Weiblichkeit und Sinnlichkeit als Kreativität und nicht als Dummheit zu verkaufen.« Und Regine Peetzsch, Personalberaterin, empfiehlt: »Es ist wichtig, wie sich vollbusige Frauen kleiden! Sie müssen einfach auf Stöckelschuhe und tiefes Dekolleté verzichten – sonst könnten sie Gefahr laufen, für einen dümmlichen Monroe-Verschnitt gehalten zu werden.«
Ich finde das alles viel zu kompliziert. Am besten, wir lassen unseren Busen so wie er ist und suchen uns die passenden Chefs dazu aus.
Wenn Sie einen großen Busen haben, machen Sie sich auf die Suche nach einem Prolo-Typen. Wieder andere Experten sagen nämlich, die bodenständigen, zupackenden Chefs – etwa an der Spitze eines Brummi-Unternehmens – bevorzugen schwere Brüste, die sie an die Mama erinnern. Solchen Männern, vom rauhen Leben gehärtet, können die Dinger gar nicht groß genug sein. Typen wie Trukker Manfred Krug stehen dafür ein.
Feingeistige Typen aber, mit Macht und genügend Kohle, fahren eher auf knabenhafte Weiblichkeit

ab. Wenn der Hintern nur knackig ist, kann der Busen aus winzigen Knospen bestehen.
Empfehlenswert ist außerdem, vor jedem Einstellungsgespräch mit der Mutter des zukünftigen Chefs zu telefonieren. Der Psychoanalytiker Wilhelm Reich fand heraus, daß mangelnde Liebe und Hingabe beim Stillen im Kind ein Trauma erzeuge. Sollte der Knabe also am Beginn seines Lebens nicht an rosig-prallen Nippeln, sondern an abgekochten Gummischnullern gesaugt haben, ziehen Sie sich warm an. Auf jeden Fall was Weites.

LAUB UND FROSCHGEQUAKE

Über streithanselige Mitbürger, den »Aufopferungsanspruch« und die Justiz

Kurz nachdem der Revierförster Müller sein klein Häuschen im schwäbischen Pflummern bezogen hatte, gingen ihm die Geräusche in Gottes freier Natur tierisch auf die Nerven: das Gekrähe vom Hahn in Nachbars Garten, das Blöken der Schafe, das Kläffen der Hunde ringsum. Wütend zog er vor das Oberlandesgericht Stuttgart, das volles Verständnis für seine Nöte zeigte. Es verfügte Bell-Ruhezeiten für alle Hunde in der Gegend und empfahl nachdrücklich, sie in schalldichte Räume zu sperren.

Auch Froschgequake, das mit vierundsechzig Dezibel aus einem sechsunddreißig Meter vom Schlafzimmer entfernten Feuchtbiotop ertönt, ist nicht ortsüblich im Sinne des Paragraphen 906, Absatz 2 BGB. Nicht mal am Ammersee, in Alpennähe, wo Frösche bekanntlich nicht nur aus Zoohandlungen stammen. Fröschen das Quaken zu verbieten ist allerdings schwerer als Waldi das Bellen. Teichzuschütten geht auch nicht. Das ist aus natur- und artenschutzrechtlichen Gründen verboten. Deshalb steht Nachbarn, die neben fremden Feuchtbiotopen wohnen, ein »Aufopferungsanspruch« zu. Das Oberlandesgericht München legte dreitausend Mark im Jahr fest.

Ich erstelle nun eine Liste meiner »Aufopferungsan-

sprüche«. Auf Platz eins steht meine Wohnungsbaugesellschaft. Oder können Sie sich vorstellen, daß es im Sinne des Artenschutzes ist, wenn man Nachbars Wecker über zwei Stockwerke hört? Jeden Morgen um fünf?
Auf Platz zwei stehen die Straßenbahnlinien 18, 23, 78 und 80N und alle Fahrzeughalter, die zwischen den »Tagesthemen« und dem Frühstücksfernsehen die Landsberger Allee befahren. Das sind zehntausend. Da kommt schön was zusammen.
Ein äußerst spektakulärer Krieg um Gartenzwerge fand in Hamburg statt. Er ging über drei Instanzen und dauerte vier Jahre. Dann mußte der Beklagte die Wichtel aus dem Vorgarten entfernen. Begründung: Die Gartenzwerge seien ein »Symbol der Engstirnigkeit und Dummheit«. Das richterliche Fazit: »Zu vermeiden im Sinne gegenseitiger Rücksichtnahme ist jede nicht ganz unerhebliche Beeinträchtigung des optischen Gesamteindrucks.«
Ich will demnächst den Berliner Bausenator Nagel zu uns nach Hause einladen. Wir lassen nämlich alle die Gardinen Tag und Nacht zugezogen, weil wir den Anblick der Plattenbauten gegenüber nicht mehr ertragen. Nicht nur das Aufstellen von Gartenzwergen ist »ein Ausdruck von Beschränktheit und Zeichen eines schlechten Geschmacks«. Mir ist auch völlig schnurz, daß das alles die Kommunisten in der Ex-DDR zu verantworten haben. Ich lebe jetzt in einem Rechtsstaat und fordere deshalb: Freie Sicht für freie Bürger.
Auch beim ehemaligen VEB Stadtgrün könnten wir noch ein paar Mark herausschinden. Neulich lagen vor unserem Hintereingang ein knappes Dutzend

Ahornblätter. Nun muß ein Nachbar laut Paragraph 906 BGB zwar Immissionen wie Laub-, Nadel- und Zapfenfall hinnehmen. Aber nicht größere Mengen. Und das sind zwölf Ahornblätter in unserer baumlosen Gegend allemal. Das Landesgericht Karlsruhe jedoch hat kürzlich eine Klage auf Beseitigung von Laub aus Nachbars Garten mit der Begründung zurückgewiesen: »Der Laubfall ist als Teil des Herbstes anzusehen.«

Das muß mich nicht bremsen. Schließlich haben die Amtsrichter 1993 in über 1,5 Millionen Fällen Recht gesprochen. In jedem fünften ging es um Streitwerte unter fünfhundert Mark.

Ach, wir Deutschen. Lauter kleine Gartenzwerge.

DIE IM OSTEN JUCKT ES NICHT

Über die Ursachen deutsch-deutscher Allergie-Unterschiede

Neulich war ich in der Oper. Ich weiß nicht mehr, ob Aida oder Carmen gegeben wurde, aber der Abend endete auf jeden Fall tragisch. Jedenfalls für mich. Schuld war mein neues Kleid. Ein Designerkleid. Blaues Leinen, gefüttert mit blauer Seide, die Schultern ausgepolstert wie bei einem Gardeoffizier. Das Ganze endete eine Handbreit über dem Knie. Ein Traum.

Aber es kratzte, das Kleid. Die Hautärztin schaute sich am nächsten Tag voller Interesse alle Pickel, Pusteln, Quaddeln an, die es auf meiner Haut hinterlassen hatte.

»Erstaunlich«, sagte sie.

»Was?« fragte ich.

»Diese Überreaktion. Sie sind doch aus dem Osten?«

»Ja.«

»Na also. Eigentlich reagieren Ostdeutsche entschieden seltener allergisch als Westdeutsche. Trotz stinkender Trabbis, rauchender Schlote und zugiger Plattenbauten.«

Was heißt hier trotz zugiger Plattenbauten? Plattenbauten fördern die Gesundheit! Das haben gerade mehrere Gruppen von Wissenschaftlern in Ost und West herausgefunden. Während nämlich die Westdeutschen mit ihrem unglaublichen Energiespar-

und Isoliertick alle Fugen und Ritzen ihrer Häuser zustöpseln – und damit ein ideales Klima für Hausstaubmilben, Küchenschaben, Schimmelpilze schufen –, zog es bei uns im Plattenbau wie Hechtsuppe. Ein Biologe aus Bielefeld weiß sogar zu berichten, daß »bei dieser mangelhaften Bauweise durchaus schon mal Laub ins Wohnzimmer wehte«.

Ich kann mich daran nicht erinnern, aber bei uns war gezwungenermaßen immer alles picobello durchlüftet. Und selbst wenn Laub hin und wieder hineingeweht sein sollte – auch das konnte uns im Prinzip egal sein. Denn wir Kinder des Ostens sind entschieden mehr durch Feld und Flur getollt als unsere Brüder und Schwestern im Westen. Und: Wir sind dabei häufig mit Erde und Dreck in Berührung gekommen. Sagen die Wissenschaftler, und ich kann das nur bestätigen. Wir haben sogar mit Modderpampe gespielt. Das war tragisch für unsere Mütter, aber offensichtlich gut für die Gesundheit.

Meine Mutter zwang mich, die moddrigen Spuren unserer naturbelassenen Lebensfreude mit einem feuchten Lappen von Diele und Linoleum zu wischen. Tief im Innern habe ich sie für ihr autoritäres Gehabe meist als blöde Ziege beschimpft. Aber im nachhinein weiß ich, daß dies alles gut für mich war. Das Aufwischen ist dem Staubsaugen bei weitem vorzuziehen. Das ist jetzt alles wissenschaftlich erwiesen.

Doch das dicke Ende ist abzusehen. Bei uns im Nachbarhaus werden bereits neue Fenster eingesetzt, wir haben uns gerade einen ganz muscheligen Teppich gekauft, und Mayonnaise hält sich im

Kühlschrank fast ein Jahr. Neulich, beim Saubermachen, habe ich so ein kleines Gläschen ganz versteckt hinten in der Ecke gefunden. Die Mayonnaise darin sah trotz des Verfallsdatums (Oktober 1994) noch lecker aus. Früher, aus dem Konsum, war sie schon nach drei Tagen hinüber.

»So ist er eben, der westliche Lebensstil«, sagt meine Hautärztin. »Alles voller Konservierungsstoffe.«

Vermutlich auch mein Kleid. Nun ja, bei dem Preis kann man verlangen, daß es eine Weile hält. Falls jemand weder auf Nickel (Gürtelschnalle) noch auf Indigo allergisch reagiert, bitte melden! Tausche Kleid gegen eine Woche Urwald. Man soll dort, wie einst im Osten, sein Immunsystem unglaublich trainieren können.

GUTE DEUTSCHE, SCHLECHTE DEUTSCHE

Über die Sehnsucht nach den Zeiten, als ganz Westeuropa noch eine Ossi-freie Zone war

Haben Sie heute schon gehaßt? Nein? Da kann ich Ihnen helfen, deutsch gegen deutsch ist nach wie vor in. Lassen Sie uns ganz einfach mal wieder über die Ossis sprechen. Wie sehr die Menschen in den alten Bundesländern unter uns leiden, hat mir unlängst eine Dame aus Alfter schriftlich gegeben: »Von den Menschen in den neuen Bundesländern kann man sich nicht weit genug distanzieren. Ich überlege schon, in welches Land man noch in Urlaub fahren kann, ohne befürchten zu müssen, daß das Image der Deutschen bereits durch Ossis versaut wurde.«

Ja, das waren noch rosige Zeiten, als ganz Westeuropa eine Ossi-freie Zone war. Mir persönlich ist es vor 1989 nur einmal fast gelungen, sie zu betreten. Das war 1981 im September. Das Schicksal fügte es, daß mir der Journalistenverband eine Reise nach Jugoslawien ohne Fluchtversuch zutraute. Mein kleiner Sohn galt als Faustpfand für eine glückliche Wiederkehr. Nichts Unmenschliches war uns fremd.

Vom Fenster meines Hotels aus sah ich auf den Hafen von Split, von dessen Kai jede Nacht eine Fähre nach Pescara in Italien abgelegte. Ich wollte damals nur eines: einmal Italien sehen und dann sterben. »Kein Problem, Madame«, sagte der Mann im Reisebüro, als ich ihn fragte, ob eine Überfahrt von Split

dorthin auch ohne Visum möglich sei. »Du haben Deutschmark?« fragte er. Hatte ich. Genau siebenundachtzig glänzende Taler. Die reichten für einmal Pescara, hin und zurück.
Der jugoslawische Grenzbeamte schaute einigermaßen überrascht auf meinen blauen Personalausweis mit Hammer, Zirkel, Ährenkranz und fragte nach meinem Begehr. Nach Italien, ohne Paß und Visum, das kam ihm spanisch vor. Er drehte und wendete das Ding, sah mir forschend in die Augen und fragte leise auf russisch: »Du bist aus der DDR. Willst du abhauen?« Ich schwor, daß ich zurückkäme aus Pescara, zurück wollte zu meinem Sohn in der DDR, doch er glaubte mir nicht. Zögerte drei, vier Ewigkeiten, ehe er mir den Ausweis zurückgab und mich in Richtung Fähre passieren ließ. Ich sagte »Auf Wiedersehen«, er »Adieu«.
Acht Stunden dauerte die Überfahrt, dann lag der goldene Strand von Pescara im Morgengrauen vor mir.
»Einmal Italien sehen und dann sterben«, schwor ich nun dem Carabiniere vor der Schranke ins Bella Italia, aber für ihn war ich mit Hammer, Zirkel und Ährenkranz ein Gespenst des Kommunismus, im schlimmsten Fall ein Terrorist. Meine Tränen rührten ihn, doch sein Vorgesetzter in Rom ließ Recht vor Gnade ergehen. Ich mußte zurück aufs Schiff und sah – so kurz vorm Ziel – weit entfernt dem Treiben im Hafen zu. Bis zum Einbruch der Nacht brieten mir die Fährleute zweimal Tintenfisch. Ich wußte bis dahin gar nicht, daß man so etwas essen kann.
Sechsunddreißig Stunden später kam ich zurück

nach Split, und es begann the same procedure as every day. Jetzt wollten mich die Jugoslawen nicht mehr in ihr Land lassen, bis ein Grenzbeamter die Idee hatte, mich über die Reiseleiterin im Hotel zu identifizieren. Nun heulte ich wieder, diesmal auf deutsch, englisch und russisch zugleich. Die Reiseleiterin hätte mir meine unerlaubte Entfernung von der Truppe vielleicht, Erich Mielke hätte sie mir nie verziehen. Das begriffen die Männer in fremder Uniform schließlich und ließen mich gehen.

Wahrscheinlich habe ich schon damals das Image der Deutschen gründlich versaut, und bei der Dame in Alfter werde ich keinen Blumentopf mehr gewinnen können. Die findet nämlich: »Die einzigen Ostdeutschen, die etwas taugen, sind die, die während der DDR-Zeiten in den Westen geflüchtet sind.«

ZWISCHEN TEAM UND KOLLEKTIV

Über die immer noch bestehende Begriffsverwirrung in Ost und West

Mein Chef kriegt immer Zustände, wenn ich ihm Montag früh meine Planvorschläge überreiche und mittags frage, ob wir sie noch im Kollektiv besprechen wollen.
Es gibt keine Planvorschläge mehr. Die heißen heute Themenvorschläge. Und außerdem sind wir ein Team und kein Kollektiv.
Wenn ich dann noch quer über den Flur brülle, daß in fünf Minuten unsere Sitzung beginnt, sind alle restlos genervt. Es gibt nämlich auch keine Sitzungen mehr. Im Westen heißt das Konferenz oder Meeting. Sitzen ist viel zu negativ besetzt. Klar, wir Ossis kannten nichts anderes. Wir haben immer irgendwie gesessen – auf unseren Posten, auf unseren Datschen. Manche hinter Gittern, viele an den Schalthebeln der Macht, und zu guter Letzt alle auf dem falschen Dampfer. Nun müssen wir umdenken. Aber zum Meeting geh' ich trotzdem nicht mehr.
Meetings fanden bei uns nämlich immer nach den Parteitagen statt. Da trafen sich die Angehörigen der werktätigen Klasse auf Straßen und Plätzen, um die Hauptschwerpunkte der Beschlüsse der Partei- und Staatsführung zu diskutieren. O Gott, o Gott, o Gott.
Deutsche Sprache? Schwere Sprache! Oder haben

Sie nach vier Jahren Einheit dieses Kauderwelsch gleich auf Anhieb verstanden? Wenn nicht, dann können Sie in Halle (an der Saale) anrufen. Da gibt es seit kurzem am Germanistischen Institut eine Sprachberatung per Telefon. Die Fachleute dort dolmetschen Ihnen jedes Wort vom Ostdeutschen ins Westdeutsche. Und umgekehrt!

Ich jedenfalls rufe fast jede Woche dort an, um mich auf den neuesten gesamtdeutschen Stand zu bringen. So interessierte mich unlängst brennend, warum unsere politisch blitzblanke »Fahrerlaubnis« in »Führerschein« umbenannt werden soll.

Daß ich da nicht selbst draufgekommen bin! Das Wort »Fahrerlaubnis« assoziiert nämlich: »Du darfst, Ossi!«, also Bevormundung. »Führerschein« klingt dagegen viel selbstbewußter und signalisiert: »Ich, der Lenker!« (Nicht, was Sie dachten.)

Außerdem versuchte ich herauszufinden, weshalb gute Restaurants heutzutage immer alles »an Blattsalat« oder »mit Gemüsen« servieren. Doch die Hallenser Sprachberater waren da genauso ratlos wie ich. Oder wie Karl Valentin. Der hat auch nie klären können, ob es Semmelknödel, Semmelnknödeln oder Semmelnknödel heißt.

Von mir wollte ein Mann aus Magdeburg wissen, was ein »Bauerwartungsland« ist und ob »Gesundschrumpfen« weht tut. Und Sebastian, ein siebenjähriger Knirps aus Doberlug-Kirchhain, bat um die schriftliche Bestätigung, daß »geil« nichts anderes bedeutet als »super« oder »toll«. Sein Opa würde bei diesem Wort stets und ständig an Schweinkram denken und jedes Mal Kopfnüsse verteilen.

Eine Dame aus Frankfurt/Main, gerade unterwegs

in Frankfurt/Oder, war völlig von den Socken, als sie zwischen den prächtigen Plattenbauten eine »Komplexannahmestelle« entdeckt hatte. Ehrlich, so was gab es bei uns. Aber leider konnte man dort nur seine kaputten Schuhe oder bekleckerten Hosen, doch nie seine Komplexe abgeben. Was eigentlich sehr bedauerlich war. Gerade für uns Ossis.

Es gibt aber auch ganz normale Menschen, die sich hin und wieder in der Wortwahl irren. Erst neulich düste ein Manta-Fahrer auf der Suche nach einem Supermarkt quer durch die Stadt Bochum. Endlich sah er einen Türken am Straßenrand stehen, den er fragen konnte: »Wo geht's denn hier nach Aldi?« »Zu Aldi«, verbesserte der. Darauf der Manta-Fahrer ganz verwundert: »Wieso, is schon halb sieben?«

WER FÜRCHTET SICH VORM KIND?

Über die im Osten bislang unbekannte Frage, ob Nachwuchs glücklich macht oder stört

Sophie aus Nordrhein-Westfalen ist sauer. Sie fragt sich: Machen Kinder glücklich? Ihre Freunde aber kümmert das einen Scheiß. Die interessiert vielmehr, ob Chablis gut zu Austern paßt oder Lanzarote im Winter nicht irgendwie prolo ist. Wirklich, ich hab' das neulich in einer langen Geschichte gelesen.

Sophie könnte mich ja mal fragen. Ich hab' zwar noch nie Chablis getrunken. Aber Kinder, die hab' ich bis zur Neige ausgekostet. Sie schmecken prima. So ein Kind, hat ein Bielefelder Soziologe ausgerechnet, ziehe einem zwischen 100 000 und 200 000 Deutsche Mark aus der Tasche, und Vater Staat sei knickrig beim Zuzahlen.

Das stimmt. Unser Jüngster hat gerade sein neues Fahrrad gegen einen Laternenpfahl gerammt. Das machte Summa summarum 125,75 DeEm. Weil er so geheult hat, hab' ich ihm noch ein Eis gekauft. Wenn ich das so alles zusammenrechne ...

Soziologen und Psychologen haben herausgefunden, daß die Zeitgeistjünger im besten Zeugungsalter bei dem Gedanken, einer schreienden Blage den Hintern abzuputzen, nur eines empfinden: Abscheu. Das ist irgendwie besorgniserregend. Wer zahlt denn meine Rente, bevor ich irgendwann zu meinen Ursprüngen zurückkehre?

Andererseits soll es doch hie und da ein verirrtes Zeitgeistschaf geben, in dessen tiefstem Innern die Ahnung quält: Symbolisiert ein Kind nicht doch die totale emotionale Befriedigung, obwohl es den eigenen Lebensplan so ganz gewaltig stört?
Also, da kann ich nur sagen: Hände weg vom Kind! Während ich hier am Computer sitze, um Fragen der Zeit zu klären, stehen zwei davon unentwegt hinter meinem Rücken und wollen: Eierkuchen, Fahrrad fahren, trockene Socken, Geld für ein paar neue Jeans, eine Zange. Wer da als Frau nicht seinen Mann steht, der knickt die Karriere weg, daß es nur so kracht.
Aber ich darf hier eigentlich gar nicht so richtig mitreden, denn im Westen unserer Republik kann man ja eher ein Haus denn einen Kindergartenplatz besetzen.
Im Osten ist momentan noch Platz für alle da. Irgendwann wird das sicher anders. Für mich stellt sich die Frage nicht: Ja, warum eigentlich Kinder? Sind Hunde nicht folgsamer? Katzen leiser? Sie ist Gott sei Dank entschieden. Wer aber zweifelt, für den ist Land in Sicht. Eine Hamburger Diplom-Psychologin hilft Wankelmütigen mit Seminaren bei dieser existentiellen Entscheidung. Vielleicht erarbeiten sie da so Polaritätenprofile. Im Sinne von positiv-negativ. Lachen-Schreien, Knuddeln-Sabbern, Sinnfindung-Lärm.
Früher sagten die Frauen im Osten des Landes, für die Job und Kindergarten selbstverständlich waren: Kind muß sein, Mann kann sein. Diesen selbstbewußten Spruch mußten sie nun ganz schnell umdrehen: Mann muß sein – dann kann Kind sein.

Ohne Arbeit kein Vergnügen. Und somit haben die meisten weder das eine noch das andere.
Aber es gibt ja eh schon viel zu viele Menschen auf dieser Welt. Politisch und ökologisch Verantwortungsbewußte erschauern, wenn sie Frauen mit dicken Bäuchen begegnen. Auch da haben wir Ossis natürlich Nachholbedarf. Uns fehlt das richtige Umweltbewußtsein. Aber das ist ja hinlänglich bekannt.
In der erwähnten Geschichte kommen wir deshalb auch nur einmal vor. Als Bildunterschrift. Wir Ossis sind eben noch längst nicht soweit mit der Erkenntnisfindung. Wer von uns hat je was von der Feministin Shulamith Firestone gelesen, die Mutterschaft als totale Selbstverleugnung und einen sozialen Niedergang beschreibt?

»ZEIG MIR DEINEN PUSCHEL!«

Über die Leiden der Eltern, die von ihren Kindern aufgeklärt werden

»Sag mal, Mama, nimmst du auch manchmal Papas Puller in den Mund?« fragt mich neulich mein Jüngster, und mir fällt die Tasse aus der Hand.
»Wie kommst du denn darauf?« frag' ich zurück und verreibe nervös den Kakao auf dem Fußboden.
»Die machen das in dem Video, das wir geholt haben«, sagt er.
Ich renne wie von der Tarantel gestochen zum Fernseher, aber mein Kind brüllt beim Überholen: »Guck mal, jetzt pullert er ihr auf den Bauch.«
Und wieso, Herrschaftszeiten, wissen in dieser Familie alle außer mir, wie man diesen gottverdammten Videorecorder bedient?
»Tut mir leid, ein Versehen«, sagt die Dame im Videoladen. »›Bernhard und Bianca im Känguruhland‹ hat die Nummer 889, ›Extremes Verlangen‹ die 898.«
Ach so, wenn's weiter nichts ist. Das verstehen sicher auch die Eltern der Kinder, die mein bislang armes, unschuldiges Kind ab sofort im Buddelkasten darüber aufklären wird, was Mami und Papi im Bett so alles machen.
Früher war das anders. Als ich meiner Banknachbarin in der zweiten Klasse unter dem Siegel der Verschwiegenheit erzählte, daß die Kinder aus dem Bauch kommen, litt dadurch das Ansehen unserer

ganzen Familie. Niemand mehr wollte mit uns Schmuddelkindern spielen. Meine Mama ließ mich in der Küche auf die Fußbank steigen. Dann mußte ich zehnmal aufsagen: »Die Kinder kommen vom Klapperstorch.« Sie glaubte wohl fest daran. Mein großer Bruder wußte es besser.
»Hab dich nicht so«, sagt meine Freundin abends beim Käsefondue. »Was meinst du, was uns neulich mit Linda passiert ist.«
Linda ist fünf, und ihre Eltern meinten im Urlaub, die Zeit wäre reif für Janoschs Aufklärungswerk »Mutter sag, wer macht die Kinder?« Dieses Buch läßt keine Fragen offen, und Linda weiß seither, daß der männliche Mensch vorn einen Piller und der weibliche einen Puschel hat.
Zu Hause stellten die Eltern das Buch in Lindas Regal. Abends kam Alexander, sechs, zu Besuch. Im Kinderzimmer blieb es trotzdem ruhig. Kein Spielzeug krachte auf den Boden, kein Schrei nach Pommes oder Gummibärchen. Die Eltern gingen deshalb lieber nachschauen. Sie fanden Linda splitterfasernackt auf dem Bett, alle viere von sich gestreckt. Sie kicherte mit rosigen Wangen: »Ich laß' Alexander nur mal meinen Puschel gucken. Dann gibt er mir noch mal so 'n Drehkuß wie im Fernsehn.«
Tja, und was macht man da? Man geht raus, schmiert den Kindern Stullen und ruft von weitem, sie sollen nachher nicht vergessen, die Bauklötze wegzuräumen.
»Sehr souverän«, sagt eine andere Freundin mit bitterer Miene. »Und was machst du, wenn dir so was am hellerlichten Tag mit den Kinnings passiert?«

Ihre beiden Söhne hatten vom Osterhasen (!) einen aufklärerischen Bildband zum Thema Vater, Mutter, Kind bekommen. Ihre Fragen trieben ihr die Schamröte ins Gesicht, und sie verließ ohne einen Gutenachtkuß das Zimmer. Am nächsten Tag folgte die Rache. Mitten auf dem Alexanderplatz fragte eines der reizenden Kleinen am Eisstand mit glockenheller Stimme: »Mama, zeigst du uns heute abend das Loch, wo die Kinder rauskommen? Du hast es versprochen!«

Also, ich weiß nicht. Vor dem Fall der Mauer wurde so was nur unter vier Augen besprochen. So wie es uns Professor Neubert in seinen aufklärerischen Büchern über Jahrzehnte empfahl. Nach dem Fall der Mauer scheint für die Kiddis die Freiheit auch unterhalb der Gürtellinie grenzenlos zu sein. Endlich haben wenigstens die Eltern in Ost und West etwas gemeinsam.

ZWISCHEN PFLICHT UND NEIGUNG

Über den Arbeitsplatz als Ort heimlicher Liebe und den Neid auf die Amouren von Kollegen

Jeder zweite treibt es in Deutschland am Arbeitsplatz. Das behauptet jedenfalls die Gesellschaft für Rationelle Psychologie. Bei einer Befragung gaben siebenundfünfzig Prozent der Männer und fünfundfünfzig Prozent der Frauen an, »es« schon mal während der Arbeitszeit zu tun.

Das muß man sich mal vorstellen: Während ich hier an meinem Computer sitze und darüber nachdenke, treiben es einige meiner Kollegen wahrscheinlich miteinander. Womöglich eine Tür weiter. Es ist unglaublich. Und: Ich merke davon nichts.

Am Wochenende las ich in einem Frauen-Magazin, daß sich jeder dritte Verhaltenstherapeut mit auf die Couch legt, wenn Patientinnen zu ihm kommen, um ihre Mitte zu finden.

Will man der jüngsten Studie des Soziologie-Professors Werner Habermehl Glauben schenken, ist das therapeutisch eigentlich auch zwingend notwendig, denn: Jeder zehnte Mann in Deutschland onaniert am Steuer. Sagt Herr Habermehl. Nun weiß ich ja spätestens seit der letzten Wahl zur Volkskammer, daß man nicht allen Statistiken Glauben schenken darf. Also hab' ich mich selbst ein bißchen umgehört. Und was soll ich Ihnen sagen: Jeder zehnte Befragte im Bekannten- und Kollegen-

kreis bestreitet, am Steuer zu ..., na, Sie wissen schon. Was hinwiederum glaubwürdig erscheint, denn wenn es jeder zweite am Arbeitsplatz treibt, muß man seine Kräfte ja irgendwie einteilen.
Die Bonner sind für ihre Balzereien ja sattsam bekannt. Hans-Dietrich Genscher heiratete 1969 seine langjährige Sekretärin. Oskar Lafontaine kam einer Christa bei der Parteiarbeit näher. Willy Brandt nutzte die Parteizentrale gleich zweimal zur Kontaktaufnahme.
Bei uns im Osten war sowas streng verboten. Wir sollten uns dem Aufbau des Sozialismus hingeben, und sonst niemandem. Daran hielt sich natürlich kein Mensch. Nicht mal Parteisekretäre. Deshalb ist es für einen Ossi auch so furchtbar schwer, sich in diesem ganzen Wust von Sex-Zahlen und -Fakten zurechtzufinden.
Im Fernsehen habe ich es kürzlich mit eigenen Augen gesehen: Wenn im Westen der Postmann zweimal klingelt, dann findet sich die Hausfrau wenig später auf dem Küchentisch wieder. Und dann geht die Post wirklich ab. Dann fliegen die gerade eingelegten Bratheringe durch die Luft, und der frischgebackene Rosinenkuchen zerplatzt auf den Küchenfliesen. Wenn bei mir der Postmann zweimal klingelt, will er für die Nachbarin ein Paket abgeben. Und sonst gar nichts. Es ist nicht zu fassen, in meinem Leben findet das Eigentliche immer woanders statt.
Eben kam über den Ticker die Meldung, daß sich jedes zweite Ehepaar nichts, aber auch gar nichts mehr zu sagen hat. Ehepaare schlafen auch nur noch ganz selten miteinander. Ungefähr dreimal

im Jahr – wenn's hochkommt. Hinwiederum beteuern Psychologen und Soziologen zu wissen, woran das liegt: Menschen wie wir, die in der Arbeit mehr als einen Job sehen, nicht wahr, sind auch in der Freizeit mit ihren Gedanken im Büro. Das macht Kollegen und Kolleginnen so attraktiv füreinander, denn private Forderungen nach Verständnis, Freundschaft, Zärtlichkeit sind dabei eher störend.

Tut mir leid, aber ich kann jetzt nicht länger mit Ihnen plaudern. Mein Bürochef will mich sprechen. Mein Einstieg gefällt ihm nicht. Ich möchte mal wissen, wie das die Gesellschaft für Rationelle Psychologie deuten würde …

KLASSENKAMPF MIT KLAMOTTEN

Über die notwendige Ausstattung von Kids, die »in« sein wollen

Ulrich Wickert hat ein neues Tagesthema: die Genügsamkeit. Der eloquente Fernsehmann schlug kürzlich vor, die Schuluniform wieder einzuführen. Wickerts Vision: »Schuluniformen, gemeint als dezente Kleidung, erziehen zu Bescheidenheit und helfen, soziale Ungleichheiten zu überdecken. Keiner wird mehr wegen seiner Kleidung ausgegrenzt.« Was für eine liebenswerte Idee. Allerdings bleiben ein paar Fragen offen. Bloß mal angenommen, den Kids wird verboten, in der Schule »Levi's« (ab 100 Mark), »adidas classics« (120 bis 150 Mark), Chevignon-Jacken (459 Mark) und »Stüssy«-Baseballmützen (79 Mark) vorzuführen. Wofür sollen die Youngster in Deutschland dann ihre 3,3 Milliarden Taschengeld ausgeben? Etwa für die Welthungerhilfe? Den Tierschutz? Oder gar das Müttergenesungswerk?

»Mensch, Mama, deine Sorgen möcht' ich haben«, sagt Philipp, mein Großer, am Frühstückstisch. »Du brauchst doch heute keine Top-Designer-Klamotten mehr, um den Leuten beizubiegen, daß du absolut ›in‹ bist. Signale gibt's viele.«

Richtig. Philipp zum Beispiel sieht rein äußerlich eher zerlumpt aus. Die letzte »Levi's« war keine drei Stunden alt, da hatte er sie mit der Nagelschere bis zum Knie aufgeschlitzt. Normale Menschen finden

sowas beknackt, aber in seiner Schule ist das der Hit. Darunter tragen die Jungs »Calvin Klein«, im Schonwaschgang gewaschen.
Gestern kam ein Freund von Philipp zum Mathepauken, der hatte genau solche Hosen an. Also »Levi's«. Und über seiner Schulter hing ein Fahrrad, das er durch unsere ganze Wohnung schleppte. Es war ein »Special-Bike«, das er unmöglich vor der Wohnungstür stehen lassen konnte. Es hatte einen Rahmen aus mehrfach verleimtem Eschenholz, Federung vorn und hinten, hydraulische Scheibenbremsen und ABS.
Mal ehrlich, haben Sie gewußt, daß es jetzt auch schon bei Fahrrädern ABS gibt? Ich hab' sowas noch nicht mal im Auto!
Als ich den beiden ein paar Stullen zur Stärkung brachte, piepste irgendwas im Philipps Zimmer. Es war die Uhr von seinem Freund. Eine sogenannte »Swatch Beep Up«. Sie sieht aus wie Plaste und Elaste aus Schkopau, ist aber laut Telekom das »starke Stück Lifestyle fürs Handgelenk«. Jedenfalls kann man das Ding irgendwie antelefonieren, und dann piept es.
In diesem Fall wollte die Mutter des Lifestyle-Handgelenks nur wissen, wann es nach Hause kommt. Wegen der Pizza.
In Norwegen piepen bei den Kids nicht nur die Uhren am Handgelenk, sondern auch die Handys in der Schulmappe. Nach drastischen Preissenkungen sind die mobilen Telefone der absolute Renner bei den Pennälern. Hin und wieder müssen die Lehrer in Norwegen nun ein wenig warten, bis Ole endlich an die Tafel kommt. Wenn er gerade mit seinem

Freund aus der Parallelklasse telefoniert, ist er nämlich nicht ansprechbar.
Ich faß' es nicht. Auch in der Klasse von Max treibt die Dekadenz wilde Blüten. Franzi, dritte Bank rechts, wird morgen acht Jahre alt und wünscht sich von Max »Jil & Jenny«, die erste und einzige Systempflege für Kinder von drei bis zehn Jahren. Faltenfrei volljährig heißt die Devise. Ob Schuluniformen diesen Schwachsinn wirklich verhindern können?
Als wir kurz nach der Wende auf Stippvisite in Kitzbühel waren – Sie wissen schon, dieser Nobelort in den Bergen –, da wollten unsere Söhne unbedingt einen Hamburger essen. Damals wollten sie eigentlich überhaupt nichts anderes essen. Doch vor dem Eingang waren gerade ein paar Kids dabei, sich die Nasen blutig zu schlagen. Die einen trugen Barbour und handgenähte Mokkasins, die anderen bonbonfarbene Nylonjacken und namenlose Turnschuhe. Unsere Jungs waren entsetzt, und ihr Papa sagte: »Sowas nennt man Klassenkampf.«
Heute wüßten die beiden genau, was er damit meint. Damals verstanden sie nur Bahnhof.

SCHULDBEWUSST IM CABRIO

Über das Dilemma der Ostdeutschen, sich in beinahe jeder Situation schämen zu müssen

Die Ossis schämen sich. Nicht immer. Aber immer öfter. Es gibt keinen Fußbreit ostdeutschen Boden, auf dem man nicht ins Dickicht verwirrter Gefühle geraten kann.

Gestern beispielsweise sagt mein alter Schulfreund Bernd mit düsterer Stimme am Telefon: »Ich war gestern bei meiner Mutter. Sie hat sich für mich geschämt.«

»Wieso«, frag' ich ihn kichernd, »hast du ihren Geburtstag vergessen?« Doch mein Kichern bleibt mir im Hals stecken, als ich erfahre: Bernd ist seit ein paar Tagen arbeitslos. Er sagt: »Sie hat nicht etwa geheult, als ich kam, um es ihr zu erzählen. Nein. Sie war wütend: Lauter Einser bis zur Zwölften, ein Sack voller Abzeichen für ›Gutes Wissen‹ in Mathe, Physik, Russisch. Und, was hat dir das genutzt?«

Nichts. Für seine Mutter ist egal, daß alle im Ingenieurbüro auf die Straße geflogen sind. Sie hat nur diesen einen Sohn. Und der ist ein Versager.

Bei meiner Freundin Sophie ist es genau umgekehrt. Voriges Wochenende lud sie mich zu einer Spazierfahrt mit ihrem neuen Auto ein. Ein Cabriolet, wo man die Haare (oder einen langen weißen Schal) im Wind flattern lassen kann. Als wir am Opern-Café aussteigen wollen, um richtig nett Kaf-

fee zu trinken, reißt sie mich plötzlich mit eisernem Griff ins Polster zurück.
»Meine Eltern«, flüstert sie mit bleichem Gesicht. Sophie braucht mir nichts zu erklären. Die Gnade der späten Geburt lastete in diesem Moment unerbittlich auf ihrer Seele. Ihre Eltern haben sich vierzig Jahre für einen Trabbi krumm und bucklig geschuftet. Sie fährt mit knapp Dreißig ein Cabriolet.
Genauso peinlich findet es ein Kollege, als er mit einem Mietwagen, BMW, acht Zylinder (es gab keinen anderen mehr), nach Brandenburg fahren soll, um streikende Arbeiter vor ihrem Werkstor zu fotografieren. »Wenn die mich aus dieser Protzschüssel steigen sehen, dann denken die doch, ich will sie verarschen.«
Da ist was dran.
Auch meine Schwester schämt sich gerade. Ihr ganzes Leben hat sie sich eine Küche mit Fenster gewünscht. Jetzt hat sie endlich eine. Dafür mußte sie allerdings eine Wand herausreißen lassen. Als der Maurer kam, um die Lage zu peilen, sagte er: »Ihre Sorjen möcht ick ham, junge Frau. Andre Leute fliejen aus ihrer Wohnung raus, weil se keene Kohle ham, und Sie machen sich dit hier janz bongforzionös.«
Meiner Kosmetikerin ist die Lust aufs Bongforzionöse mittlerweile vergangen. Neulich hatte sie für ihre Familie Pizza, Salat und Wein besorgt. Sie wollten gemeinsam »Pretty Woman« gucken. Stattdessen kam ein aktueller Bericht über Somalia. Die Sendung wurde zweimal unterbrochen. Einmal, um zu zeigen, was Katzen kaufen würden, wenn sie

Hunger hätten. Das zweite Mal, um eine Sieben-Tage-Diät zu empfehlen.
»Wußten Sie, daß 400 Gramm Rebhuhnbrüste (mit Ananasstückchen!) nur 875 Kalorien haben?« fragt sie mich voller Zorn. »Wir haben die Pizza ins Tiefkühlfach gestopft und dem Sender empfohlen, das gleiche mit seinem Programmdirektor zu tun.«
Der kalifornische Soziologe Thomas Scheff bedauerte vor einiger Zeit: »Die Scham ist in den Untergrund gegangen. Wir sprechen nicht darüber. Wir zeigen sie nicht.« In den modernen, westlichen Gesellschaften sei die Scham ein unerwünschtes, ein verbotenes Gefühl.
Davon haben die Ossis hinter den sieben Bergen natürlich noch nichts gehört. Deshalb reden sie mit anderen über ihre Probleme. Und liegen dabei auf keiner kuscheligen schwarzen Couch.
Noch nicht.

EINGEWICKELT STATT ABGEWICKELT

Über das Leiden an Deutschland im Groschenroman

»Die Mauer ist gefallen.« Ächz! »Die äußeren Wunden, die ein unmenschliches System gerissen hat, beginnen zu heilen.« Seufz! »Doch Birgits Wunde brennt wie am ersten Tag.« Schluchz!

Birgit ist eine junge Frau aus Dresden, die ihr Kind lange vor der Wende einem Mann aus dem Westen mitgegeben hat – Rainer. Der hatte ihr ewige Liebe geschworen. Rüberholen wollte er sie, auch heiraten, um mit ihr und der kleinen Christine in Freiheit zu leben. Doch Birgit wurde wegen des Rainer-Kontakts ins Gefängnis geworfen, und er (typisch Wessi) ließ nie wieder etwas von sich hören.

Jetzt kramen Sie nach Ihrem Taschentuch. Und vorher? Da haben Sie Ihrem Solidarbeitrag hinterhergetrauert und die Ossis schlechtgemacht. Da mußte erst der Bastei-Lübbe-Verlag mit seinen Romanen kommen, um endlich auch die Herzen der Deutschen wiederzuvereinigen. Laut Eigenwerbung hat dieser Verlag nämlich Autoren, die »mit wachen Augen und offenem Herzen« bereits lange vor der Wende beobachteten, »welche großen Ereignisse über unser Land hinwegrollten«. Und dabei stießen sie auf Schicksale wie das von Birgit.

Der stellvertretende Verlagsleiter von Lübbe, Manfred Kölzer, kann es noch konkreter sagen: »Eine Reportage über die verlassenen Kinder im Osten

war so eine Art Initialzündung für unser Lektorat. Wir mußten schnellstens auf die Öffnung der Mauer reagieren.«
Ganz genau. Denn seitdem die Ossis auch literarisch frei sind, gehen Lübbes Bergwelten, Chefärzte, Frauenschicksale auch an den Kiosken zwischen Elbe und Oder weg wie warme Semmeln. Erst eine Million, jetzt 1,2 Millionen in der Woche – das läßt kein Verlegerherz kalt. Es erwärmt sich immer mehr für Geschichten, die das Leben im Osten schreibt.
Maria Treuberg, achtundsechzig, ist eine der Autorinnen, denen das Schicksal dieser Menschen sehr, sehr nahegeht. Dabei gibt es das Wort »Ossi« für sie nicht: »Die Menschen, die ich beschreibe, leben in Mitteldeutschland. Ostdeutschland war einst meine Heimat. Da, wo Schlesien liegt. Für meine Generation war die DDR nie ein anderer Staat.«
Das muß doch einem Mitteldeutschen runtergehen wie Öl. Und wenn Frau Treuberg in »Liebe lächelt unter Tränen« beschreibt, wie der reiche Werksdirektor Dr. Bode (West) begangenes Unrecht an der armen, aber sauberen Arzt-Tochter Jeanette (Ost) wiedergutmacht, dann fühlt er sich endlich in und nicht auf den Arm genommen. Und was ist mit Birgit aus »Das Kind, das sie nicht lieben konnte« (Reihe »Mutterliebe«, Band 115), deren Christine »in Freiheit aufwachsen sollte«? Es war eben nicht jede Mitteldeutsche so herzlos, ihren kleinen Liebling hinter dem Eisernen Vorhang festzuhalten.
Wie schafft es Frau Treuberg in ihrem schönen Haus in der Nähe des Chiemsees nur, dieses fremde Leben so sensibel nachzuempfinden? »Na, ich habe den Fall der Mauer doch live miterlebt. Mein Mann

und ich wollten den Fernseher damals gar nicht mehr ausschalten.«

Sie ist nicht die einzige, die sich »der Menschenschicksale zwischen Rostock und Dresden« angenommen hat. Auch der Publica-Verlag hat in »Meine Geschichte«, einem »Erlebnis-Magazin für die moderne Frau«, längst die gefühlsmäßige Seite der Wiedervereinigung aufgeschlagen. Es sind die alten Geschichten, immer wieder neu: Entweder macht Vati von Leipzig rüber in den Westen und läßt seine Familie sitzen, oder Mutti aus Schwerin will Tochter zurück in den Osten holen, um – familiär vereint – die Heimat neu aufzubauen.

Der Verkäufer im Kiosk am Bahnhof Friedrichstraße schwört denn auch Stein und Bein auf Lübbe und Konsorten. »Weeßte, wenn de den janzen Tach abjewickelt wirst als Ossi, denn sehnste dir abends danach, von irjendeen einjewickelt zu werden. Ejal wie. Dafür jibste denn ooch jerne ne Mark neunzich aus.«

FETTE JAHRE, MAGERE JAHRE

Über jugendliche Nesthocker im Westen und Nestflüchter im Osten

Anna versucht es mit allen Tricks. Ihre Haare sind lila, ihre Fingernägel schwarz, ihre Sprüche ätzend. Nach der Schule kocht sie für die halbe Klasse Spaghetti und läßt die dreckigen Teller und Schüsseln in der Küche stehen. Unter ihrem Bett schimmeln die Schulstullen des letzten Quartals. Zum Geburtstag hat sie sich eine Ratte gewünscht. Zum Kuscheln.

Anna will weg von zu Hause. Raus aus ihren elf Quadratmetern Plattenbau mit Schrankwand, Auslegware und ein paar Postern von Madonna. Raus aus dem elterlichen Mief: fressen, fernsehen, Fenster putzen. Doch die Eltern lassen sie nicht gehen. Anna ist siebzehn und wohnt in Berlin-Prenzlauer Berg.

Es ist geradezu tragisch, daß wir Ossis den Trends immer noch hinterherhinken. Selbst unsere jungen Menschen kommen nicht aus dem Knick. Während sich Anna mitten im Osten als Nestflüchter gebärdet, klammern sich zwischen Zugspitze und Sylt die herangewachsenen Sprößlinge enger denn je an Mama und Papa.

In Deutschland, beweist eine Jugend-Studie, feiern die Söhne selbst ihren fünfundzwanzigsten Geburtstag noch sehr, sehr gerne bei Mama. Mehr als ein Drittel. Und die Hamburger Psychotherapeutin

Elke Herms-Bohnhoff hat über fünfzig Hamburger Familien gefragt, weshalb. Die Antwort lautet: Im »Hotel Mama« ist es am schönsten.
Ein Student, vierundzwanzig Jahre, sagt: »Zum guten Leben gehört, daß man nicht dauernd Pizza ißt oder sich eine Nutella-Schnitte reinschiebt, sondern gesundes, wohlschmeckendes Essen. Das finde ich absolut großartig, wenn man in jungen Jahren sich so gut ernähren kann durch die Mutter.« Ein anderer, fünfundzwanzig: »Wenn sie uns mehr gibt, als gut für sie ist, dann ist das ihre Sache. Wenn sie meint, daß sie sich aufopfern muß für andere – ich selbst würde das nicht machen. Aber trotzdem bleibt das doch die absolute Tugend.« Und eine andere, zwanzig: »Man kann immer sofort jemandem erzählen, was man gemacht hat. Sonst wäre die Telefonrechnung ziemlich hoch. Wahrscheinlich.«
Die Devise dieser ziemlich ausgeschlafenen Söhne und Töchter lautet: Bis fünfundzwanzig lernen, bis fünfzig arbeiten, bis fünfundsiebzig genießen. Das »Hotel Mama« bietet dafür die besten Voraussetzungen. Mama bügelt die Hemden, backt deutschen Apfelkuchen mit Butterstreuseln, kauft für die Geburtstagsfête eine Kiste »Deinhard«. Papa baut den Dachboden aus oder schafft im Keller Platz zum Austoben der erotischen Phantasien. Der Zöglinge, versteht sich.
Und was sagt Mama zu all dem? Mama schmunzelt: »Er nimmt mich manchmal in den Arm (ihr Sohn) und sagt, Mama, du hast mich doch so gemacht.«
Tja, mein Gott, unter diesen Bedingungen hätte Anna aus dem Prenzlauer Berg ihre Nestflucht auch noch mal überdenken können. Bei einem Gläschen

Erdbeerbowle auf der Hollywoodschaukel im Garten. Mit Mama und Papa.
Doch plötzlich und völlig voraussehbar ist ihre Nestflucht geradezu unausweichlich geworden. Trotz lauter Einsern im Zeugnis hat sie in Berlin und Umgebung keine Lehrstelle als Kindergärtnerin gefunden. Im August packte sie deshalb ihren Koffer, um fernab der Heimat als Au-pair-Mädchen ihr Glück zu versuchen. Ähnlich wie Anna geht es vielen. In Ost und West.
Natürlich fragen sich auch die Eltern in Hamburg und anderswo, »ob einige magere Jahre nicht doch ein unverzichtbarer Bestandteil der Persönlichkeitsbildung sind«. Frau Elke Herms-Bohnhoff weiß, daß den West-Kindern derlei Empfehlungen nur kauzig und seltsam erscheinen.
Nesthocker wollen belohnt werden.

SUCHE GARDINEN

Über die zwischenmenschlichen Auswirkungen einer sachlichen Annonce

»EILT: Suche Gardinen, gehäkelt, gewebt, gestrickt, möglichst weiß oder beige, mindestens sechzig Jahre alt. Angebote an H Punkt U Punkt Wendt, Leninallee 181, Berlin-Lichtenberg.«

Die Annonce stand am 18. April 1987 unter der Rubrik »Verschiedenes« in der »Wochenpost«, und das mit dem EILT war ernst gemeint. Wir brauchten Gardinen, und zwar dringend. Wir wohnten seit sechs Monaten in dieser Gegend, und unser Gegenüber war unsäglich. Es ist schon schlimm, in einem Plattenbau zu wohnen, aber auf einen zu gucken ist noch viel schlimmer. Jeder halbwegs normale Mensch möchte hier vierzehn Tage nach dem Einzug nur noch eins: die Gardinen zuziehen.

Vierzehn Tage nach Erscheinen der Annonce stand unser Briefträger, der Herr Gundlach, mit drei Paketen fluchend vor der Wohnungstür.

»Dit vasteh ick nich«, meckerte er und wischte sich mit dem Ärmel seiner Uniform den Schweiß von der Stirn. »Erst kriegen Se monatelang ja keene Pakete, nich mal zu Weihnachten aus'm Westen, und denn gleich drei uff eenmal. Wat is denn da drin? Een Klavier zum selber Zusammbaun?«

Natürlich waren es Gardinen. Gehäkelt, gewebt und gestrickt, in Beige und Weiß und Grau und Gelb, und viele waren sogar sechzig Jahre alt. Das dickste Paket kam aus Plauen, und als ich es öffnete, lag ganz oben, auf leise raschelndem Seidenpapier, ein Brief. »Liebe Frau Wendt!« stand darin. »Ich weiß ganz genau, warum Sie diese Annonce aufgegeben haben. Sie gruseln sich davor, in ein Warenhaus zu gehen, um sich dort von einer unfreundlichen Verkäuferin häßliche Meterware abschneiden zu lassen.« (Genauso war es!) »Ich schikke Ihnen hiermit deshalb vier Gardinen, die zu meiner Aussteuer gehörten. Meine Mutter hat sie mir aus Musseline genäht und mit Stiefmütterchen bestickt. Stiefmütterchen waren ihre Lieblingsblumen. Ich konnte Stiefmütterchen nie leiden, und auch mein Mütterchen nicht richtig. Greifen Sie deshalb zu, solange der Vorrat reicht. Ihre Hildegard Knebel.«

Ich nahm sie.

Das zweite Paket kam von einem alten Herrn aus Rostock, der gerade seinen Haushalt auflöste. »Ich zieh' jetzt um in ein Altersheim«, schrieb er mir, »und da hängen schon überall Gardinen. Die ich Ihnen schicke, sind etwas grau. Meine Frau hat sie nach dem Waschen immer auf dem Rasen vorm Haus in die Sonne gelegt. Ich nicht, und deshalb sehen sie so aus, denn meine Frau ist seit fünfzehn Jahren tot. Anbei vier Kittelschürzen und zehn Paar Topflappen von ihr. Sie hat so gerne gehäkelt. Was Sie nicht wollen, schicken Sie nicht zurück. Verschenken Sie den Rest. Geld will ich keins.«

Der Absender von Paket Nummer drei wollte ganz viel. Also Geld. Und das nicht nur für die Stores, sondern auch für die Mühe, die er sich mit dem Paket gemacht hatte. Er berechnete: 10 Meter sonnengelbe Baumwollgardinen: 1000 Mark. Ein Karton (Hartpappe): 2 Mark 50, Verpacken: 3 Mark 75, Verschnüren: 3 Mark 75, Transport zur Post: 5 Mark, Paketgebühr: 14 Mark 50. Macht summa summarum: 1029,50 Mark.

Ich berechnete ihm das ganze retour, und damit waren wir quitt.

Nach dem vierzehnten Paket konnte uns Herr Gundlach nicht mehr leiden, nach dem dreißigsten haßte er uns – immerhin wohnten wir vier Treppen, und der Fahrstuhl hielt nur im dritten und sechsten Stock. Paket Numero vierzig mußten wir uns schließlich selbst von der Post abholen, und das blieb so bis zur Nummer siebenundsechzig. Paket Nummer achtundsechzig brachte uns Felix, der Lehrling vom Postamt 45, wieder an die Tür. Er tat das nicht aus Nächstenliebe, sondern aus rein pragmatischen Gründen, wie er sofort zugab.

»Mein Chef hat jesacht«, sagte er, »in dem Paket sind Gardinen, weil Sie 'ne Annonce uffjejeben haben. Er meint, Sie hätten mittlerweile bestimmt jenuch, und ick könnte dringend welche jebrauchen. Ick hab' nämlich seit kurzem ne eigene Wohnung.«

Ich überließ ihm das Paket – ohne es vorher zu öffnen. Unser Boot war nämlich voll. Wir brauchten einen Vorschalldämpfer für unseren Trabbi 601, wir brauchten eine Mischbatterie für die Spüle und hundert Fliesen für unser Bad, wir hatten mal wieder Appetit auf Bananen, denn wir schrieben immer noch das Jahr 1987. Aber Gardinen hatten wir mittlerweile genug.

Ende Juni kam Paket Nummer dreiundsiebzig. Eigentlich war es eher ein dicker Brief. In dem Kuvert steckte eine Bordüre aus Batist, mit Lochstickereien und lauter kleinen Bommeln verziert. »Wenn Sie die dazugehörigen Gardinen kennenlernen wollen«, schrieb Elisabeth Gruhnert, einundsiebzig, aus dem Plänterwald, »dann besuchen Sie mich doch einfach. Ich bin meist zu Hause.«

Frau Gruhnert war eine wundervolle alte Dame. Wir kannten uns gerade fünf Minuten, da hatte sie mich bereits in ihr Testament aufgenommen. Sie wollte mir ihren Reisewecker vererben, und das nur, weil ich so sympathisch sei. Eine halbe Stunde später stellte sie mir – neben dem Reisewecker – auch ihre Reiseschreibmaschine in Aussicht. Journalisten könnten sowas schließlich immer gebrauchen. Und als wir uns vier Stunden später an der Tür verabschiedeten, drehte sie nachdenklich an ihrem kleinen Brillantring am Mittelfinger.

»Bevor ich Ihnen den vererbe, muß ich nochmal mit meiner Schwiegertochter darüber reden«, entschied sie dann, und wir waren beide irgendwie erleichtert.

Die Schwiegertochter hat mir kürzlich geschrieben. Frau Gruhnert sei leider verstorben, aber sie habe mir einen Reisewecker, eine Reiseschreibmaschine und diverse Gardinen vererbt.

Die Gardinen. Ich muß sie damals wohl bei ihr vergessen haben. Kein Wunder, sie war so eine wunderbare Geschichtenerzählerin.

Ich sollte mal wieder eine Annonce aufgeben …

ZAPP. UND WEG ISSER

Über den Wunsch, auch im richtigen Leben zu zippen, zu zappen, zu hoppen, zu switchen

»Mama!«
»Ja.«
»Wo bist du?«
»Im Arbeitszimmer!«
»Mama, weißt du, wo meine Turnschuhe sind?«
»Nein.«
»Ich brauch' sie aber, wir haben heute Sport.«
»Ich weiß nicht, wo du sie hingeschmissen hast. Läßt du mich bitte in Ruhe? Ich muß eine Kolumne schreiben.«
»Und ich krieg' 'ne sechs, wenn ich die blöden Dinger wieder nicht dabei habe. Dann bleib' ich sitzen, und du hast mich noch ein Jahr länger am Hals.«
ZAPP. Und weg isser. Einfach so per Knopfdruck. Ruhe. Wär' das nicht schön? Ich könnte nachdenken, schreiben, lesen, korrigieren, nochmal lesen, ausdrucken lassen ... ZAPP. Dann wär' er wieder da, dieser lärmende, egozentrische Zwerg, hätte seine Schuhe gefunden, und alles wär' gut. Wieso gibt's das nur beim Fernsehen?
»Mama!!!!!!!«
»Ja!!!!!!«
»Wo bist du?«
»Im Arbeitszimmer!!!!!«
»Du, hör mal. Es gibt jetzt von ›L. A. Gere‹ total geile Turnschuhe. Die sehen nicht nur total geil aus, son-

dern sind auch noch gut für das Fußbett. Das ist total kraß, was andere Schuhe unseren Füßen antun. Kein Wunder, daß in dieser Familie alle Schweißfü …«

ZIPP. Leute, die solche idiotischen Werbeblöcke umgehen wollen, heißen Zipper. Die schalten ihren Videorekorder an und sehen später und in aller Ruhe nur das, was sie wirklich interessiert. Genial.

Ich wär' am liebsten ein Hopper. Hopper hüpfen, wie sollte es anders sein, munter durchs Programm und nehmen drei, vier, fünf Sachen auf einmal mit. Eine Serie, eine Show und eine Nachrichtensendung beispielsweise. Das wäre in unserer Familie unglaublich zeitsparend. Zuerst würde ich mir die 156. Folge der tragischen Liebesgeschichte »Romeo und Julia in der elften Klasse des Lessing-Gymnasiums« anhören. In der spielt Philipp, mein Großer, seit Monaten die Hauptrolle. In der elften Minute könnte ich dann unbemerkt zu Max, dem Show-Star des Abends, ins Badezimmer umschalten. Auf Platz eins der Charts steht dort seit Wochen: »Ich putze meine Zähne nicht. Meine Zähne putz' ich nicht.« Zwischendurch gäb's die neuesten Nachrichten aus Berlin und Brandenburg: Staureport, Benzinpreise, Wahlkampf, Wirtschaft und Rezession, Immobilienskandal, Börsenbericht, Fußballergebnisse. Das Wetter.

Drei Männer auf einen Hopp, das wär' nicht schlecht.

Switcher verweilen kaum länger als zwei Minuten auf einem Kanal. Stellen Sie sich das mal vor – es gäbe keine langweiligen Konferenzen, keine endlosen Betriebsversammlungen, keine öden Familienfeiern mehr. Sobald Opa Paul anfängt: »Sag mal, Philipp, hab' ich dir eigentlich schon die Geschichte erzählt, wo deine Mutter in der dritten Klasse mal eine Woche die Schule geschwänzt hat? Sie ließ wirklich nichts unversucht, um sich vor Deutschdiktaten zu drücken.« Switch und weg!

Aber abends, vor dem Fernseher, da wär' ich am liebsten ein Sticker. Das sind die Lieblinge von Programmdirektoren und Werbeleuten. Sticker sehen »Vom Winde verweht« bis zum bitteren Ende und genießen selbst die Werbung für Tempotaschentücher und Zewa Wisch und weg in voller Länge. Herrlich …

»Mama!!!!!«

Falls Sie nicht schon längst ausgeflippt sind, beachten Sie bitte die wunderschöne Überschrift auf der nächsten Seite und sticken Sie dann weiter auf Seite 127 …

ALLES BANANE?

Wie meine Menschenwerdung begonnen hat

Als ich heute morgen an meinen Schreibtisch kam, lag da, gleich neben dem Apple, eine Banane. Ich hatte sie dort nicht am Abend liegenlassen. Nein, sie lag da ganz frisch.

Ich bin nämlich ein Ossi. Der einzige bei »AMICA« in Hamburg, und all meine netten Kollegen wissen natürlich, wie lange ich auf Bananen verzichten mußte. Aber mittlerweile habe ich wirklich ziemlich viele davon gegessen. Das mit der Mauer ist fünf Jahre her. Ich kann voller Stolz sagen: Ich habe Bananen satt. Sie lassen mich kalt. Ich esse nur noch hin und wieder eine.

Meine Menschwerdung hat begonnen. Trotzdem möchte ich an dieser Stelle erwähnen, daß ich mich zu DDR-Zeiten nicht ausschließlich mit dem Erwerb und Verzehr von Bananen beschäftigt habe. Ich las auch gern. Es gab bei uns Bücher, so richtig mit Buchstaben.

Eine Journalistin von »Cosmopolitan« war darüber erstaunt. Als ich sie unlängst bei einem Kongreß kennenlernte, bot sie mir an, zwei, drei Wochen in ihrer Bibliothek in München zu verbringen. »Bei mir findest du alles«, sagte sie, »Erich Fromm, Konrad Lorenz, Sigmund Freud, George Orwell.«

Süß, nicht? Sie glaubte wirklich, daß ich die Herren noch nicht kannte.

Nur das Computerwesen war leider an mir vorbeigegangen. Ich wußte einfach nicht, wie man ein Faxgerät bedient und daß zum Computer eine Maus gehört, als ich in Berlin das erste Mal in einer westlichen Redaktion stand. Das war Ende 1989. Der Bürochef dort sagte mir, ich solle mein Manuskript erst in den Computer eingeben, dann ausdrucken und anschließend nach Hamburg faxen. Ich beherrschte meine Schreibmaschine, und das mit vier bis fünf Fingern. Sonst nix.

Die meisten Ossis wären in meiner Situation vor Scham in den Boden versunken, und mir war auch danach. Doch es half ja nichts. Wenn ich die Kohle haben wollte, mußte ich fragen, wie das geht. Der Bürochef schaute genervt zur Decke. Einige Kollegen in meiner Ost-Redaktion hatten mich gleich vor ihm gewarnt. Sie hielten ihn für einen Klassenfeind.

Ich war deshalb auch skeptisch, als er mich fragte, ob wir mal die Autos tauschen könnten. Er war scharf auf meinen Trabbi. Und dann wollte er mit ihm los, ohne vorher den Benzinhahn aufzudrehen. Der Benzinhahn befand sich rechts neben dem Fahrersitz, etwa einen halben Meter unter dem Handschuhfach. Ich meine, so was weiß man einfach. Ich konnte doch auch auf Anhieb mit seinem BMW fahren.

Er zahlte mir dann für meinen Text über das Gaststättenwesen der DDR tausendfünfhundert Mark. Solche Insider-Tips waren Gold wert, denn bevor der Wessi in den Osten kam, wollte er wissen, wo er seine »Spaghetti al dente« bekommt. Wir hielten Aldente damals natürlich für eine Nudelsorte.

Mit dem Honorar ging ich an den nächsten Fahrkartenschalter und kaufte ein Ticket nach London. Am Piccadilly-Circus traf ich einen Mann aus Düsseldorf, der von mir wissen wollte, woher ich käme.
»Aus Berlin«, sagte ich.
»Ost oder West?« fragte er.
»Lichtenberg«, sagte ich.
»Wo liegt das?« fragte er.
»In der Mitte Berlins«, sagte ich.
»Am Tiergarten?« fragte er.
»Am Alex«, sagte ich.
»Ah, also doch im Osten«, sagte er. Dann ging er, als wüßte er nun genauestens über mich Bescheid. Wieviele Stadtbezirke hat eigentlich Düsseldorf, und wen interessiert das?
Nun bin ich in Hamburg, und mittlerweile wissen alle, daß ich aus dem Osten bin. Knuth begrüßt mich deshalb häufig mit »Genossin Wendt«, Rainer fragt mich beim Essen, ob mir die Sättigungsbeilage schmeckt, Fritz lacht sich halb scheckig, weil ich immer noch Armee statt Bundeswehr sage, und Walli muß mich dreimal ermahnen, daß Hugh Grant vorne Chiuh und nicht Juuutsch ausgesprochen wird. Gerade eben rief er mich an, weil er nicht wußte, ob Valerij ein russischer Vorname ist.
Die Banane ist in Hamburg ein ständiger Quell des Frohsinns, seitdem ich da bin. Ich bekomme sie manchmal frisch von der Staude, manchmal gut abgehangen; in Schokolade gewälzt, in Zuckersirup eingelegt, als Schlüsselanhänger, in Plüsch und Pappmaché, als quietschegelben Vibrator. Neulich brachte mir unsere Fotochefin aus New York eine Duftkerze mit, und einer fragte im Vorübergehen:

»Riecht sie nach Banane?«
Nein, nach Green Vine. Nur die Firma heißt Banana Republic.
Ich weiß, es klingt erstaunlich, aber ich esse mittlerweile wirklich lieber Granatäpfel oder Lychees, und ich muß nicht mal mehr danach anstehen. Dieser Luxus hat mich erzogen und geformt und meinen Geist geöffnet für das Wesentliche.
Ich weiß jetzt, wo es in Hamburg den besten Käse gibt. Jeden Dienstag und Freitag in der Isestraße am Käsestand – Höhe Isestraße 19 bis 21. Von Bananenspenden bitte ich deshalb abzusehen. Und wenn doch – bitte nur die aus Honduras. Die sind aus garantiert ökologischem Anbau.

DIE LAST MIT DEN GUTEN VORSÄTZEN

Über frohgemute Absichten fürs neue Jahr und was daraus wird

Na, liebe Leserinnen und Leser. Was machen Ihre guten Vorsätze für 1994? Schon alles den Bach runter?

Also, Frau Müller, meine Nachbarin, wollte 1994 mal wieder ein gutes Buch lesen. Sie entschied sich als Bettlektüre für »September« von Rosamunde Pilcher. Das ging bereits am 4. Januar 1994 gegen 23 Uhr 41 ins Auge, und das Buch wiegt (ohne Schutzumschlag) immerhin mehr als ein Pfund. Sowas ist schmerzlich.

Nicht weniger schmerzlich ist der Vorsatz von Herrn Schmidt. Der wohnt bei uns schräg gegenüber. Herr Schmidt will sich in diesem Jahr eine neue Freundin zulegen. Leider hat er seiner alten schon Bescheid gesagt. Die wohnt zwei Treppen tiefer, und jedesmal, wenn wir uns im Fahrstuhl treffen, heult sie mir die Ohren voll.

Typisch Ossi. Wir sollen ja immer nur am Jammern sein. Und voller Ängste und Minderwertigkeitskomplexe.

Um das zu verdecken, hab' ich gerade gelesen, kaufen wir neuerdings wieder Bautzener Senf, essen Thüringer Wurst und fühlen uns dabei wie Widerstandskämpfer.

Nicht alle, kann ich nur sagen. Vorige Woche hab' ich einen gesehen, der hat am hellichten Tag und

mitten auf der Straße ein Brötchen mit Nordseekrabben gegessen, und an seinem »Wartburg« klebte dieser berühmte Umriß von der Insel Sylt.
Aber auf Sinnsuche sind tatsächlich eine Menge Leute aus den Fünf Neuen Kummerkästen, wie Wiglaf Droste es jüngst so treffend formulierte. Herr Schröder beispielsweise wohnt auch in unserem Haus. Parterre links. Der will 1994 nur noch »ethisch« einkaufen. In Amerika machen das bereits eine Million Menschen. Die gehen in keinen Supermarkt ohne das Handbuch »Shopping for a Better World«. Firmen und Erzeugnisse sind darin ethisch durchgecheckt. Nun will auch Herr Schröder keine Thüringer Knacker mehr essen, bevor er weiß, ob sich unsere einheimischen Wurstfabrikanten in der Dritten Welt engagieren, Tierversuche ablehnen oder einen Frauenförderungsplan besitzen.
Stellen Sie sich vor, deutsche Leserinnen und Leser wählten ihre Zeitung oder Illustrierte in Zukunft nicht mehr nach der Frau auf dem Titel, sondern nach der Anzahl der Frauen im Impressum aus!
Das wäre toll, denn schließlich habe ich mir für 1994 vorgenommen, Karriere zu machen. Der »Wiener« prophezeit: 1994 machen mehr denn je Frauen Karriere. In den USA haben Betriebe mit Frauen an der Spitze derzeit die größten Wachstumsraten. Und dieser Trend soll sich noch verstärken. Firmen, die ihn verpassen, könnten in den Abgrund schlittern.
Übrigens, ich rede hier nur deshalb so frei von der Leber weg, weil sich der Moderator Friedrich Küppersbusch auch für 1994 vorgenommen hat, kein

Blatt vor den Mund zu nehmen. Trotzdem (oder gerade deswegen?) war er in den letzten Wochen und Monaten auf fast allen Titeln zu finden. Er ist deshalb mein Vorbild.

Leider Gottes auch das meiner Nachbarin Frau Abend. Die wohnt direkt unter uns. Zum Jahreswechsel hatte ich ihr eine Karte mit vielen guten Wünschen in den Briefkasten gesteckt. So ein bißchen human touch gehört zum Leben, glaubte ich. Na, schönen Dank auch.

Als ich sie fragte, ob sie meine Neujahrsgrüße gefunden hätte, sagte sie: »Ja. Außerdem drei Kommafehler in fünf Sätzen.«

Sie hatte unglaublich schlechte Laune. Wahrscheinlich will sie 1994 abnehmen. Das kann ich sehr gut verstehen.

Heide-Ulrike Wendt
geboren 1950 in Berlin, studierte Publizistik in Leipzig. 1974/75 Korrespondentin in Warschau, 1975/76 Redakteurin im Ressort Kultur bei »Der Morgen«, 1978 bis 1985 Ressort Feuilleton und Reportage bei der »Wochenpost«, danach bis 1989 bei »Für Dich«, Ressort Feuilleton, Reportage und Porträt. 1990/91 Reporterin beim »Extra«-Magazin, 1992 bis 1995 Redakteurin im Berliner Büro des »stern«, seitdem bei »AMICA«. Sie ist verheiratet, hat zwei Kinder und lebt in Berlin.

Rolf Schmidt-Holtz
war seit September 1988 Herausgeber, von 1990 bis Mitte 1994 Chefredakteur des »stern«. Heute ist er Mitglied des Vorstandes von Bertelsmann Entertainment.

INHALT